クローン人間にYes!

科学による永遠の生命

ラエル著

MUGENDO

クローン人間に
Yes!

科学による永遠の生命

ラエル

本書は、日本ラエリアン・ムーブメントが、国際ラエリアン・ムーブメントの承認のもとに日本語に翻訳し、出版したものです。

●クローン人間にYes！／目　次

（注）本書に訳出した「新人類」（new man）という言葉は、「人類」を表しています。これは男性・女性の双方を性差別なく含み、その語源であるサンスクリット語の「マナ」（mana）が、「人」を表しているのと同じです。

はじめに

1974年、私は異星人エロヒム（注1）との接触のことを書いた、『真実を告げる書』（訳注：日本語版も同題）を世に出しました。エロヒムは実験室で私たちを科学的に創造しましたが、私たちの祖先は、それを理解するには原始的すぎて、科学には無知でしたので、彼らのことを「神」や「神々」と呼んでいました。本を出した当時、「UFO現象」に対する大衆の熱意のお陰で、私の本と、世界中での私の講演は成功を収めました。

しかし私が、もうすぐクローニングのお陰で同じことが可能になり、永遠に生きることができるようになると説明しても、多くの人は腹を抱えてバカのように笑っていました。彼らは鈍《にぶ》すぎて未来をかいま見ることもできず、自分たちのパラダイム（注2）が死にかけていることも分からなかったのです。

あれから27年の歳月が経ち、ドリーのような羊が何匹か出現したあとで、彼らは笑うことをやめ、私の宣言したことが現実となったことにギョッとしています。

車のギアをより高い方にチェンジして、未来に待ち受けていることを明らかにする時がやってきました。ベビーブームの人々は年老いて、じいちゃんブームの世代になりました。これら古い世代の人たちは多くの年老いた人たちのように、理解することや適応することができず、やってくる変化を、慣れ親しんだものが失われていくという恐怖感を持って見ています。それに対して、新しい世代の人たちは、新しい技術によって生まれた新しい価値観に対して全く問題なく適応し、社会の中で自分たちの場所を見いだしています。

五、六歳の頃から自分のコンピュータをポンポン叩《たた》いて遊んできた、若い世代の脳は、木や金属のおもちゃしか与えられなかった人たちのいくぶん萎縮《いしゅく》した灰白質と比べれば、明らかに違っています。

「20世紀の人間」、つまり古い世代の人たちは、やってくる世界に完全に適応することができそうにありません。ぐらついている権威にしがみつこうとする老人たちは、新人類へと向かう、止《と》めることのできない進化の過程を規制したり、邪魔したりしようとするでしょう。しかし、彼らはそれに対してどうすることもできず、時と共に歴史博物館へ、いやむしろ、先史博物館へと追いやられてしまうでしょう。「20世紀のネアンデルタール人」が、この新しい文明の中でどのように見えるかが分かれば。

人のクローニングに反対であるということは、永遠に生き続けることにも反対だということになります。ある意味では、これは良いことです。永遠の生命に反対だったら、彼らは結局死ぬことになるのですから。そうすれば、科学による永遠の命という贈り物を、絶対に喜んで受け取る新しい世代のために道を開けることになりますし、死にたくないという人たちが、このような新しい可能性から恩恵を受けることができるようになります。

永遠に生きるということが義務であってはなりません。実際、永遠の生命は、それを望む人たちのためにだけあるべきです。落ち込んで人生を幸せに思えない人にとっては、永遠に生きるのは耐えることのできない苦しみです。うつ病の人の中には、75歳という「普通の」寿命を生きる考えにも押しつぶされ、寿命に達するずっと前に自殺をする人もいます。

ですから、自由に選ぶことができ、決して強制されない永遠の生命という考えは、生きることが幸せな人たち、人生がもたらす喜びを止めたくない人たちだけを引きつけることができます。

だからこそ、幸せと喜びを教えることが、新人類の哲学の非常に重要な一点となります。人生は、苦しみと犠牲のためにあると教えられて育っていれば、もちろんこの「悲しみの谷」から抜け出すために死を求めるでしょう。

逆に、私たちは喜びのために生まれたのであり、周りにあるものはすべて、喜びを引き出したり大きくすることができる、無限の刺激の源であると教えられて育っていれば、もちろん、この終わりのない新しい喜びを永遠に楽しみたいと思うでしょう。

（注一）「エロヒム」とは、聖書の原典であるヘブライ語聖書の『創世記』に、一番最初に出てくる言葉です。ヘブライ語で「天空より飛来した人々」という意味を持ち、れっきとした複数形です。単数形は「エロハ」——編集部注。

（注2）「パラダイム」（Paradigm）とは、一時代の支配的な物の見方のこと。特に、科学上の問題を取り扱う前提となるべき、時代に共通の思想の枠組み。天動説や地動説。（『広辞苑』より参考）

ブリジット・ボワセリエの序文

「いつか人間をクローンすることが可能になり、永遠の生命にも手が届くようになるでしょう。いつか私たちは光よりも速く旅するようになるでしょう。いつか私たちは老化をコントロールすることができるようになるでしょう」

それは七年前のことでした。その夜食事を一緒にするためにやって来た、職場の同僚のミッシェルは、エロヒムによる地球上全生命の科学的創造説のこと、この地上で私たちの行動を導いていくべき価値観、将来起こりうること、想像すること、夢見ることなどを一気に列挙してくれ、たった30分で私の小さな宇宙に革命を起こしたのです。

その後の一週間のことをどう説明したら良いのでしょう？　私の科学的厳格さ、罪悪感を与える私のカトリック教育、研究者としての私の好奇心、この新しい理論に対する本能的な情熱などの間で、私のニューロンは息つく暇もありませんでした。

そこで私は、私の科学的厳格さを私の本能に従わせ、数カ月のあいだ、進化論、過去の文明とその宗教に関する本などを、手当たり次第に読み返して過ごしました。そして同時に、私は現代科学に対して違った見方をするようになりました。この科学という分野に、その時私はエアリキッド社研究所の副所長として、日常的に接していました。

本を読み進んでいくにつれて、私の視界を妨げ、理解することを妨げていた目隠しのことや、既にその七年も前から、私たちがいっぺんに、生命の創造者と再創造者になろうとしていることなどが理解できました。

「クローニング、永遠の生命などについて語るラエルのメッセージ本を読むのに、科学者として何か問題はなかったのですか？」という質問に、いつも私は答えなくてはならないのですが、答えは残念ながら「いいえ」です。私には引っ掛かるところはなく、研究者としての論理的な疑問があっただけです。この疑問は、私の化学者としての知識に基づくもので、それは当時私に、もし一つまたは連続した化学反応による分子の形成時に、それが阻害されることがあるのなら、そこには、この障害を取り除くことが可能な一つまたは複数の化学物質の組み合わせがあるはずだ、と語りかけていました。

これはイワン・ウイルマットが、羊のＤＮＡを受精前の他の羊の卵子に導入し発見したことからも明らかです。この卵子は、遺伝子コードＤＮＡを解き放つ能力のある化合物の組み合わせを含んでいて、この化合物は、遺伝子コードを受精卵の遺伝子コードの状態に戻す能力があります。またそれには、細胞分裂を再び開始させる能力があり、これによって新しい受精卵を得ることができます。これを一言《ひとこと》で言えば、生き物をクローンする能力があるということです。私が初めてメッセージを読んでから四年目にして、最初のほ乳類のクローンであるドリーも、このようにして誕生したのです。

ラエルが言うように、世の中の確立した権威の意見に反して、私もクローニングが現実のものになるだろうと発言したのは、私が狂った科学者だからでしょうか？　いいえ、私はただ目隠しを取り去って、私の科学者としての厳格さを、より良い方向に活用しただけなのです。

同じく、物理学者の測定によって、３×10の８乗メートル毎秒の定数だと宣言されている光の速度があります。地球周辺という条件での測定値が大抵そうだからと言って、それを減速や加速させる操作可能な条件はない、と言い切れるのでしょうか？　この限界を私たちは受け入れねばならないのでしょうか？　この四年間、世界のどこの大学においても、科学者たちが光の速度を変える方法があるはずだと発言し、それが可能なことを、複数の実験によって繰り返し示したのは全く理に適《かな》ったことです。

現在理論家たちが、これらの新しい結果をもとに理論を切り張りしようとしていますので、新しい理論が出現するのもそう遠い将来のことではないでしょう。しかし、これがまた新しい目隠しとして、広く生徒に教えられることになるのでしょうか？　さらにその理論が新しい理論に追いやられ、さらに優れた理論によって前のものが同様に追いやられるということが、無限から学ぶことは無限にあるからといって、無限に繰り返されるのでしょうか？　このことが教えられるかどうかは分かりませんが、歴史は今日、私たちが笑ってしまうような間違いが沢山あったことを教えてくれます。

1894年にアルバート・マイケルソンは、シカゴ大学物理学研究所開設の演説の中で、「物理学における最も重要な事実と法則はすべて発見されています」と発言しました。これは当時、科学界の大多数の意見でした。そのたった十年後に、アインシュタインが当時の宇宙観に革命を起こすことになる最初の論文を発表しました。アインシュタインの業績は多かれ少なかれ、マイケルソンの研究結果に根ざしたものでした。

1933年にノーベル賞を受賞した、イギリスの物理学者アーネスト・ラザフォードは、核分裂が初めて証明された後しばらくして、「原子によって作られるエネルギーというのは大したものではない。この変換を元に新しいエネルギー源を見つけ出そうとしている人々がいるが、そういう人たちは幻想を見ているのだ」と表明しました。アルバート・アインシュタインも彼に同意して、「いつか核エネルギーを取り出すことができるという手掛かりは全くない」と言いました。その12年後に広島に原爆が投下されたのです。

先駆者たちがすぐに目隠しを広める側に回ってしまうことが分かるでしょう。このことは、私の特に好きなアーサー・C・クラークの「卓越した科学者が比較的年老《お》いてきて、何かが可能であると宣言する時、それは多分正しいです。彼が何かは不可能であると言う時、それはかなりの確率で間違っています」という言葉を思い出させます。

歴史がそれを物語っています。革命的な考えはすべて「不可能だ」というレッテルを貼《は》られて、先ずは拒絶されるのです。時には人はそれに「怪物的だ」とか「スキャンダラスな」とかのレッテルを貼り、それがそれ以上進行しないようにして安心するのです。数年後にそのレッテルは、「不可能だ」から「可能かもしれないけど犠牲となることも多い」へ、さらに、「それは良い考えだと自分はいつも主張していた」へと短時間で変わっていくのです。

革命的な考えに伴《ともな》うこの法則は、科学のあらゆる分野に当てはまります。私はよく知られている物理学の分野での例を挙げましたが、生物学、医学などでも、その新しいことが人間にかかわり、「神」の概念に関することであれば、それは大きな波紋を呼ぶので全く同じことが当てはまるのです。

19世紀の初め、外科での麻酔薬の使用が比較的普及してきていました。しかし道徳家は、それが分娩《ぶんべん》時の痛みを和らげるために使用されることに激しく抗議しました。「聖書では、女性は痛みと共に子供を産むと書かれてはいないか？　出産時に女性の痛みを和らげるために薬品を投与することは、神の意思に反することなので全く許されないことだ」と。

そんなことを意に介さないビクトリア女王（子供を9人生んだ）がこの薬品を使用することを決断してからは、道徳家たちも声をひそめるようになり、この慣習は広まっていきました。

これは、この種の新しいことには必ず神の法を持ち出してくる蒙昧《もうまい》主義に対する大きな勝利でした。「あなたは神を演じてはいけない」というようなことを言いながら、クローニングに抗議するヨハネ・パウロ2世に関する文を読む時、私は笑いつつも憤慨《ふんがい》します。どうしたら、「神を演ずる」外科医たちによって自分の命が一度ならず救われ、彼らがいなければもうヨハネ・パウロ2世はこの世にはいないのだ、ということを彼は忘れてしまうことができるのでしょうか。どうしたら、別のところでは永遠の生命が得られますようにと説教しお祈りしながら、ごく近い将来にクローニング技術が実現する永遠の生命に対する当然の欲求を、彼は否定することができるのでしょうか。

どうして彼は、老化に関する研究に抗議することができるのでしょうか。彼の先輩のピエ11世が、スイスの若返りクリニックのポール・ニーハウスによる、羊の胎児の注射を定期的に受けていたのは、あまり良心が咎《とが》めたりはしなかったからということでしょうか？

長寿を強く望むのはとても自然なことですから、必ず研究者たちは短期間のうちに研究を成功させるでしょう。ラエルはかねてからこのことに言及していましたが、本書の中ではさらにそれが詳しく書かれています。

メッセージとメッセンジャー、ラエルに初めて接して七年経《た》ち、私は彼を「親愛なる預言者」と呼ぶことにしていますが、彼の預言と教えがもたらす革命の大きさを、さらに強く感じます。

意識的に目隠しを取ることを選ぶ時、目に入る風景はなんと感激的なのでしょう。

「ラエルと私たちの創造者たちからのメッセージと教えを広めるために、あなたのように没頭する価値はあるのか？」

とよく質問されます。私の答えは変わりません。預言者の眼差《まなざ》しから読み取れる愛がいつも変わりないのと同じです。これはその愛に対する、私の答えの一つなのです。

私はこの革命をもたらすことで幸せです。私は、この地球を大混乱におとしいれる女優として幸せです。つまり、クローニングを実際に行う活動を軌道に乗せるということですが。未来に起こることが分かる時、ラエルが明らかにすることのスケールの大きさを理解する時、それを自分自身のものだけとして持っておくことはできません。ラエルの著作によって、私の中には予想もしなかった力と静けさが湧《わ》き起こりました。そのことを私は知っています。確かにそれを感じます。うつむくことなくそれを持ち続けています。

科学的創造説は、「不可能」というレッテルを常に貼られてしまいます。地球上の地域によっては、「危険」というレッテルさえ貼られています。この説に伴う科学的、社会的、政治的な預言は、しばしばスキャンダラスなものとされ、預言者自身も彼の先任者たちと同じく、生まれた国ではペテン師扱いをされています。

そういう時も、彼は愛について話し、無限について話し、喜びと意識の世界を夢見させ、達成すべき道を指し示すのです。

過去の歴史が私たちに明らかにするのは、このような革命的な考えが未来を建設するのだということです。ですから、私も過去の歴史についてはこの辺でやめにして、自信を持って選択した未来に向かって行こうと思います。老化というのはいつか過去の話となり、死というのは回避できないものというよりは、選択肢の一つになるでしょう。私は、人間がそれを禁ずるのではなく、この変化に上手《うま》く対応していくことができるだろうと信じています。私は今日もまた、新たな事故で小さな子供を亡くしたという両親からの電話を受けましたので、再び私の全精力を傾けて、その遺伝子コードをもう一度表現させるつもりです。

私は、自分の目隠しをすべて取り去ることができたのでしょうか？　私の限界をすべて乗り越えることができたのでしょうか？　私はそれらができた振りをするつもりはありません。しかし、毎日私は、自分にも、私の希望にも、私の想像力にも、私の親愛なる預言者に対する愛にも、彼が代表する人々に対する愛にも、彼が導くことを受け入れたこの地球上のすべての人々への愛にも、限界を設けないようにしています。美しい未来を発見する準備のできた読者の皆さん、「不可能だ」という言葉が、あなたの脳に染《し》み込んでいくままにはしないで下さい。それではまた、無意味な過去へ逆戻りですから。

ラエル、あなたが発展させた、この「科学の意識」を私たちと共有してくれて有難うございます。いやむしろ、「意識の科学」とした方が良いのかもしれませんが。

あなたにお仕《つか》えする、大きな特権を与えてくださって有難うございます。

ブリジット・ボワセリエ（生化学教授）
ラエリアンの科学プロジェクト責任者
クロネイドの総責任者

マーカス・ウェナーの序文

人類は楽園の入り口に来ています。人の誕生以来、人々はこの日を夢見てきました。しかし、入り口の大変近くに来ているのに、それが見えない人がまだいます。まるで、戦争が何十年も前に終わっているのに、それを知らずにジャングルの沼地に隠れている最後の兵士たちのようです。現実は平和なのに、まだ戦争にしがみついているのです。このような人たちは、ラエルがこの本で言っている「新ネアンデルタール人」です。どこへ行くにも、足には時代遅れの価値観という鎖つきの重りを引きずり続け、どこかに問題があることに気づいてはいても、自分がその問題を持っていることには気づかないのです。

でも、私たちはみんな、教育によって作られています。私たちのほとんどにとって、教育は過去のものです。ですから、私たちはみんな未来に道を見いだそうとしている過去の寄せ集めなのです。子供の頃に書かれた古い地図を使って、全く新しい見知らぬ土地を上手《うま》く通り抜けようとしているのです。当然、多くの人が道に迷います！　でも、そうである必要はありません。十代の終わりまでに、私たちの現実に対するものの見方を決め込んでしまう必要はないのです。ピーターパンのように、子供の頃の夢をあきらめる必要はありませんし、想像し、驚きの目で世界を見る力を無くす必要もありません。成長する方法も、黄金を見つけるために地図を新しく描き変える方法も忘れなくていいのです。

これこそが、宝島への最後の一歩に必要なことなのです。過去の恐れを持ってしりごみする代わりに、最後の数本の鎖を解き放ち、現在の世界の色々な良い点を見れば、もう私たちは楽園にたどり着くしかありません。鎖がついたままでは跳ぶことができません。その通り道は大人にとってはとても狭いため、色々なことに好奇心がいっぱいで、夢を見ることができ、無条件に愛し、想像できる、純粋無垢《むく》な存在である子供たちだけが通ることができるのです。

すべての偉大な哲学者たちが、この日を夢見てきました。古代のギリシャ人から現代の空想家や芸術家まで。「想像してごらん、すべての人が……」。過去、人類は手を使って骨の折れる仕事をし、自然の力に服従し、さらには圧制の気まぐれに服従しなければなりませんでした。人生で大変な苦しみを味わった数え切れないほどの母親たちや、あなた自身の、血の繋《つな》がった祖先たちのことを考えてみてください。薬もなく、保険もなく、明日の食料があるのかも分からず、夫が次の日に生きて帰ってくるのかどうかも分からず、隣の暴漢が侵入してくるのではないか、考え方が違うために宗教的な罰を受けるのではないか、そして地主からの罰や病気のことなどを常に恐れて生きていたのです。氷のように冷たい水で手はかじかみ、安らかに眠れる布団もなく、運が良ければ、虱《しらみ》がいる痒《かゆ》いワラの布団(ゴザ)があるだけであり、子供の頃から工場で16時間も働いてきたために耳は聞こえなくなり、いつもストレスに晒《さら》されていたために脳に障害を受けていたのです。

つまり現在と比べれば、生活は無知と恐れと残酷が入り混じった、精神に外傷を与える苦しみの連続でした。当然、堕落した宗教はこれらの苦しみを立派なものとして、天国への鍵《かぎ》にしたのです。人々はその間ずっと、この骨折りと労働の中で希望を持っていました。子供たちはもっと良い暮らしができるだろう、未来はもっと明るいだろう、自分たちの苦しみは無駄ではなく、いつの日か(天国で)報われるかもしれないと。

その天国は、今なのです! 私たちは、祖先の骨折りによる天国の報いを受けているのです。私たちは犠牲という鎖の最後の輪なのです。母親が子供に自分の人生を捧《ささ》げ、子供は文字通り母親の乳から彼女の人生を搾《しぼ》り取り、自分の子供たちにそれを受け継がせるのです。火あぶりになったり、暗殺される危険を冒《おか》してまで、私たちに彼らの夢を引き継がせるためだけに自由を求めて闘った人たち。

どの世代にも、良いものを取り入れて更にそれを良いものにし、悪いものに対して立ち上がった尊敬すべき人たちがいました。少しずつ、各世代の科学者、建築家、商人、指導者、教師たちが、自分たちの以前の指導者たちから学び、自分自身の小さな貢献を加え（あるいは取り除き）、私たちの世界の基礎を作りました。人類は巨大なトーテムポールのようなものです。私たちがエデンの園から消え去ってから今、各世代が、先輩たちの肩の上に乗っています。そして今やっと、私たちの胴体を塵《ちり》から持ち上げ、頭をその上に乗せ、一息ついて、目から涙をぬぐい去ることができるのです。

私たちの周りにあるすべてのもの、単純な鉛筆から最も複雑なコンピュータまで、これらは私たちより前に生きて死んだ、非常に多くの人たちの苦労のおかげで存在するのです。現在の人間の自由はすべて、過去に流された血の代償なのです。一人ひとりが最終結果に加えたり、それから取り除いたりしましたが、現在の最終結果はプラスです。今日私たちが生きているのは、長いあいだ厳しさに耐えて、自分たちの遺伝子が死に絶える前に私たちに伝えてくれた、ディケンズの話に出てくる可哀相《かわいそう》なこじきの男の子たちのおかげです。死に物狂いのリレー競争のようなものです。あなたの人生を彼らの人生と比べてみてください。私たちが生き残るために心配せずに考えたり、リラックスする時間があるのは彼らのおかげです。特に、人類の良いことのために貢献し、新しいものをもたらしたために社会から軽く見られ、迫害までされてきた人たちのおかげです。それでも、彼らの忍耐のおかげで、今日の状態に何とか引っ張ってくることができました。私たちが入ろうとしており、彼らが夢見ることしかできなかったこの幸せの黄金時代に、より近づいたのです。

私たちは、非常に多くの革命家、異端者、追放者、その他時代を先取りしていたために、色々とレッテルを貼られていた人たちが夢見た時代を生きているのです。私たちは彼らのために最後の一周を走らなければなりません。そうしなければ、彼らの苦しみは無駄になってしまいます。それにもしかしたら、正しい技術を手に入れた時、人生を進歩のために捧《ささ》げてきたこのような人々の何人かを、生き返らせようと決めるかもしれません。彼らが天国での来世を楽しむことができるように。まあこれは、また別の話とします。

想像してみてください。人が働かなくても、自動的に食べ物を作ることができる日を。私たちが必要なものは、すべてロボットが作ってくれる世界を。それはつまり、お腹を空《す》かせた小さな子供たちがみな、あっという間に食べ物が沢山手に入り、おもちゃを限りなく持つことができ、教育を受けられるようになるということです。子供たちはすぐに地球市民として、平等な機会を与えられることになるのです。

さて、あなたはどうなるのでしょう？　時間をどのように過ごしますか？

毎日働きに行って、自分の心と体を誰かの利益のために貸す必要がなくなるのです。会社は必要なくなり、通勤する必要もなくなります。その代わりに、数え切れないほどの無料のお店や、ロボットコックさんが経営するレストランをブラブラ訪れ、沢山の面白い友達と出会い、思う存分食べることができます。一日を音楽や化学を勉強することに使うこともできれば、あなたの記憶を、埋め込み型の記憶素子でアップグレードしたり、あなたの体に美しい羽根を生やしたり、成長したら家に成る木をデザインして、その種が育つのを観察したり、トンボを好きな場所に飛ばして、その目を使って物を見たりすることもできます。

知性を持った生体物質と、私たちの脳の相互作用とによって開かれる可能性は無限です。すべてのものが人間の自己実現のために美しく設計され、生産性のために醜《みにく》くなることはなくなります。コンピュータが基本的に必要なことはすべてやってくれますので、何物にも代え難い愛すること、想像すること、意識することという人間の特性が、最も貴重な商品となり、最大の関心事となるでしょう。

でも、周りのこのような構造上の変化を除いて、あなたの内面の変化はどうでしょう？上司に何も命令されなくなったらどうしますか？　自分の時間をどのように組み立て、市民としての価値観をどのように満足させ、人生の満足感をどのように得ますか？　現在は職業とお金に基礎を置いていますが、社会で職が無くなったなら、自分が重要だとどうやって感じることができますか？　最近職を失った人々のほとんどが落ち込むのは、まさにこういう理由からなのです。でも、そうでなくてはならないのでしょうか？

ここで、あなたの内面の子供が大変重要になってきます。私たちみんなが娯楽の時代に適応し、それを楽しむためには、仕事で自分の重要さを測るという古いやり方を、すべて忘れなければなりません。お金ではもう尊敬を買うことはできず、お金の鎖ではもう誰も感動させることはできず、地位で支配することもできず、年齢でさえ重みがなくなります。それらがどうであろうと、重要なのは中身になります。子供はあなたの着ているものとか、会社での地位がどれほど高いとか、肌の色などは気にしません。ただ親切であるか、楽しいか、遊ぶことができるかだけを見ます。そのようなことが、私たちが次の世紀に到達するのに必要な特性です。ですから、お金が必要でなくなると、私たちは、劇や音楽を作って他人に喜びを与えるように、個人の業績から自分の価値を得ることを学ぶでしょう。利益が私たちの社会を牛耳る代わりに、お金の基準となるのは、私たちの活動が自分自身や他人に、どのくらいの喜びと満足を与えられるか、というものになるでしょう。

そのようにして、私たちは自分の価値を打ち立て、利益と搾取《さくしゅ》の代わりに、愛と助け合いが社会の基礎になります。楽しむこと、成長すること、遊ぶことが決まり文句となるでしょう。私たちは子供の頃に戻って、子供のように遊んだり、学んだり、発見したりして時間を楽しむやり方を、学び直さねばならなくなるでしょう。そして何といっても、「見せかけ」や「振りをする」代わりに、ただ「ありのままの自分でいる」時間を楽しむことを学び直さなければなりません。これは理解しやすく聞こえるかもしれませんが、外的人格が、自分が知っている自分自身よりも、他人からどう見られるかを基本としている人たちにとっては、それは大変恐ろしいことかもしれませんし、考え方を大きく変えることを意味します。使われていなかったり、抑圧的な教育によってずいぶん前に萎縮《いしゅく》していた脳の特定部分を、再び目覚めさせ、働かせる必要性が出てきます。

また、脳は優先する段階を持っています。非常に繊細《せんさい》な花であるエーデルワイスは、良い環境にある時だけ花を咲かせます。脳も、恐ろしい環境にある時は、自動的に生き残りへの準備に入り、脳自体が恐怖となります。危険がなく、選択の制限もなく、食べ物が豊富にあり、安全で、愛と自由があると感じた時だけ、脳は愛、調和、創造のスイッチが入ります。この本に書かれているように、いったん技術の進歩が社会に強い影響を与えたら、環境は、新しい人間が誕生するのに十分なものとなるでしょう。

それは、歴史上初めて、地球上のあらゆる場所で小さな幸せの束となって起こっています。何世代も経って、ようやく報われるのです。子供たちは生まれ、この新しい環境で育てられ、新しい人間として成長しています。この世界を作った彼らの祖先が、古い世界の苦しみによって見た目が変わり、ねじ曲げられた木の根と幹であるならば、この新しい世代は実の成った花です。イチジクの実が熟したら良い時期が分かるでしょう。木を揺らせば、実はあなたの膝《ひざ》に落ちます。その時期は今です。私たちは楽園の入り口に来ています。目を開きさえすれば良いのです。でもまだ、私たちを邪魔している「新ネアンデルタール人」の価値観があります。それは、私たちが宝島へ到着する最後のジャンプを邪魔しています。

本書は、私たちが引きずっている鎖と重りを解き放ち、黄金時代へ入るのを助ける鍵《かぎ》です。本書の中でラエルは、今日、大変議論の的となっている最近の話題に触れ、それらを十分に取り入れ、私たちを抑《おさ》えている鎖を粉々にするために、ラエル特有の単純な論理と明快さをもって、私たちの進歩を邪魔している矛盾と恐れに外科的なレーザーを当てています。もちろん、足枷《あしかせ》で繋《つな》がれているという安心感を失い、自由を取り戻すのが怖いということがよくあります。なぜなら、私たちは突然飛ぶことのできない言い訳を失うことになるのですから。でも、今がその時です。本書は、私たちが大きく前へジャンプするために、ちょっと背中を押してくれます。人類が未来を航海し、共に宝島へたどり着くために新しい地図を示しています。このようにして、大昔から非常に多くの既に死んだ人たちが持っていた、楽園を取り戻すという希望や願いを実現するのです。

マーカス・ウェナー（心理神経免疫学者）
２０００年　東京にて

ダニエル・シャボット、心理学教授の序文

科学の時代の預言者

1969年7月のことを思い出します。私は好きなテレビ番組を見るために家に帰りました。でも、この日から数日間は、テレビの番組が全部変更になっていました。地球上のすべての目が宇宙へ向けられていたのです。子供だった私は、月面を歩くという昔からの人類の夢が実現する場面の、生中継のテレビ画面を夢中で見つめていました。当時12歳だった私は、その夜、月を見上げて、私たちの惑星の人類があの小さく明るい球の上を、この瞬間にも歩いているのだということに思いを巡《めぐ》らせていました。その日までは、科学技術が私たちの生活すべての面で、革命を起こす時代に徐々に突入しているのだということを、私は別に意識していませんでした。でも、それは始まりでしかなかったのです。

私たちは、現在とても素晴らしい時代に生きています。こんなに短い期間でこれほどの変化を目《ま》の当たりにした世代は、いまだかつてありません。過去何年もの間、世代は代わ

っていっても、私たちの祖先はいつも同じ現実の中で生活してきたのです。子供が生まれても、両親は、自分たちの子供は必ず自分と同じような生活をするに違いないと信じることができました。でも現在では全くそれは通用しません。今日では、自分たちの子供がどんな時代を生きるのかは、両親には全く分かりません。止《とど》まることなく進歩のスピードは上がり、すべてのものは素早く変化していきますので、子供が将来、どういう時代に生きることになるかを見通すことはとても困難です。

今日の子供たちは、インターネット、ビデオゲーム、デジタルテレビなどに日常的に接しています。おじいさんの時代には、馬で散歩し、電気もないところで、毎年一月には流感が猛威を振るって、死の危険に晒《さら》されていたなんてことは想像すらできないのです。また、このおじいさんと同じように、この子供もまだ、すべてを見届けたわけではありません。１９６９年7月の私のように、さらに驚くべき科学的な出来事が、自分は止まることなく進歩する科学技術の世界に生きているのだということを、実感させてくれるかもしれません。

デジタルテレビ、インターネット、ビデオゲームなどは、まさに私たちの生き方や考え方を変えることに貢献する、技術的な環境を作り出しています。しかしこれらは、今起ころうとしている、物議を醸《かも》し出そうとしている生物学的な革命とは比較になりません。現に、1997年にスコットランドの発生学者イワン・ウイルマット博士の指導のもとに行われた、羊ドリーのクローニングの発表は大きな波紋を投げかけました。また、現在の人のクローニングにまつわる論議に関しては言うまでもありません。

最近私は、自然医学のより「穏やかな」取り組み方に身を捧《ささ》げるために看護婦の仕事を辞《や》めたという、物腰の柔《やわ》らかい女性と話をしました。彼女のこの転職も、大抵の人の場合と同じく、科学一般と特に医科学に対しての、とても批判的な見方を伴ったものでした。私は会話の中で、将来、人のクローニングがもたらす素晴らしい点について触れました。その女性は私に向かって、「私はそれに反対です。そんなことが決して現実にならないといいんですけれど」と言いました。

この女性の姿勢には無理もありません。それは新しい科学技術を前にして、それを賛成か反対かという角度から考える、大衆の物の見方を反映したものでした。まるでそれが意見に関する問題でもあるかのように。

さらに話を進める前に、メディアは新しい科学を他のニュースと同じように、つまり、賛否を論議するという視点から扱うものだという点を確認しておきたいと思います。しかし不幸なことに、彼らは科学技術が、その賛否の議論とは全く無縁のものであることを理解していません。まだ浅い、しかし実りに満ちた私たちの科学の歴史は、私たちに、その賛否の議論が科学技術の進歩においては正しかったことがないことを証明しています。電気、自動車、インターネット、試験管での人工授精などを利用するかどうかの、賛否の議論を重ねていたその間にも科学は発展し、進歩し、応用され、洗練され、技術は改良されていきました。

結局は、これらの技術の進歩はその瞬間から私たちの日常生活の一部となり、私たちはその恩恵に与《あず》かっています。さらには、以前には私たちはどうやって、その技術なしにやっていけたのだろうかと疑問に思うほどです。

それで私は、違った物の見方をしてみることを、この優《やさ》しい女性に勧めました。先ず私は彼女に、それに反対だとして、クローニングは不幸にも現実のものになるかどうかと尋ねました。彼女は「はい」と答えました。私は彼女に、彼女がそれに賛成でも反対でも全く状況を変えることはできずに、結局人のクローニングはよくある、当り前のことにすぐになってしまうのですから、それに対する姿勢を変えることを提案しました。

しかし、毎日やってくる科学技術の革命に直面して、彼女が物の見方や姿勢を変えるためには、新しい生命に関する概念と、世界と自分の存在に対する新しい物の見方が必要です。しっかりと意識しなくてはならないのは、科学というものは人の行いではないということです。科学は人の存在そのものです。科学の進歩に賛成とか反対とかを言うのは、どちらにしても、子供の成長に賛成か反対かと考えるのと同じく、バカげたことです。それは否定することのできないものです。子供は成長し、科学は進歩します。これこそが人間の現実です。子供が学ぶのであれば科学も同様です。ですから、ある新しい科学技術に賛成か反対かを決めるために無駄な議論をする代わりに、私たちや未来の世代のためにそれによって何ができるのか、どのように私たちの生活に取り入れることができるのか、その利点をどのように引き出して利用できるのか、などと考えてみてはどうでしょう。

でも、そのためには、私たちには過去のものではなく未来からの手本が必要です。注意深く過去を調べることで私たちに分かることは、現在と未来との間には全く共通点がないということです。つまり、過去の未来への投影は不可能ということで、それは後ろを見ながら歩いていては、私たちの前に伸びる道の方角に関しては何も分からないのと同じです。これこそがラエルの触れている点であり、彼がもたらす哲学です。

１０７３年に『真実を告げる書』の中でラエルは、私たちに私たちの科学的な起源に関して説明しました。神は存在せず、神秘主義ではなく、他の場所から高度な科学を携《たずさ》えてやって来た存在が、地球上に生命を創造したという科学的な歴史です。私たちは彼らの姿に似せて創られており、いつかは彼らと同じことをするようになる、と彼は説明していきます。つまり、永遠の生命の秘密であるクローニングを行うことや、人の寿命を十倍にできたり、化学的な学習の可能性など併《あわ》せて、最近始まった様々な素晴らしい成果のことや、目も眩《くら》むほど速い進歩のことなども明らかにしています。

１９７５年、ラエルは私たちを創造したエロヒムの惑星へ行き、そこで様々な驚くべきことを目の当《ま》たりにしました。さらに彼は、私たちが快楽の中で開花していくことができるように、私たちに向けられた教えを受け取りました。また何度も繰り返されているように、科学によって彼の主張が裏付けられることになるだろうと書かれています。そして、これらの本では順に27、25、21年前の日付で記された内容が、毎年、科学的発見によって正しかったことが確かめられてきました。

しかし、彼が科学と宗教を一つにするということの点こそが、彼の役割の重要な点です。ローマ法王のように宗教の第一人者が、中絶、避妊、同性愛、当然のように遺伝子操作、クローニングと科学的な生命創造などを非難する時に、ラエルは、それはまだ始まりにしか過ぎず、私たちはさらに科学のおかげで、ごく少数の人しか見通すことのできない変化を経験することになる、と繰り返し述べています。進んだ哲学と精神性のおかげで、ラエルは私たちに楽観的な科学の光をもたらし、うっとりするような未来像をかいま見させてくれます。

１９６９年にニール・アームストロングが月面に第一歩を踏み出した時に、

「人間にとっては小さな一歩だが、人類にとっては大きな飛躍だ（巨人の跳躍だ）」と言いました。この本の中で、ラエルによって成されたすべての科学的「予言」によると、その巨人の歩みも、間もなく人類によって乗り越えられ、そのために私たちの生活は改善されることになるだろうと予告しています。ですから、これから続くページに書かれたことを読んで、賛成とか反対とかを考えるのではなく、そしてそこで様々な意見を持つことになるでしょうが、なぜこのようなことが起こるのか、また宗教的指導者で科学について彼のように語るのが、なぜラエル一人だけであるのかを、よく考えてみてください。

ダニエル・シャボット（心理学教授）

２０００年12月３日

人間のクローニング——永遠の生命への扉

人のクローニングはまだ初期の段階にあります。現在のところ、クローンされた細胞は母親のお腹《なか》の中で通常の妊娠のように、9カ月間育てられなければ赤ん坊にはなりません。そして、通常の方法で成長しなければなりません。

この点では、それほど常軌を逸《いっ》したことではありません。実際、双子の兄弟や姉妹を、自分より数年後に持つのと変わりはありません。あなたの遺伝子コードのサンプルを採《と》って卵子の中に導入すると、双子ができるだけです。

もちろん、この双子はあなたとは全く違った教育を受け、人生経験も違いますので性格も異なってきます。あなたの双子がクローンされて中国人の家庭に生まれたら、大きくなったら明らかに、フランス語ではなく中国語を話すでしょう。そしてあなたよりもずっと上手に、箸《はし》を使ってご飯を食べることができるでしょう。

しかし、誕生後に別々に育てられた双子についての研究の結果、細かい点は違っていても、基本的な個性は二人とも同じままだということが分かりました。食べ物の好み、好きな本や色、パートナーの好みまで一緒なのです！　それらについてはすべて後述しますが、個性と知性は、遺伝以外の何物でもないということが、科学的発見によって確かめられています。

人クローニングの次の段階である第二は、成長過程促進技術〈accelerated growth process（略称AGP）〉を使って、人間をいきなり、肉体的能力が最高時の15歳から17歳の間の、大人の体へとクローン（複製）することです。

このようなクローンは、肉体のコピーに過ぎません。コンピュータのハードウェアや空《から》のカセットテープのように、記憶も個性も持ちません。

私は、エロヒムが私の額から採《と》った細胞を巨大な水槽のような機械に入れ（注：日本語版『不死の惑星への旅』参照）、数秒で私の完璧《かんぺき》なコピーを作るのを見ました。

第三段階では、既に日本で進行中の技術である、人間の記憶や個性をコンピュータにダウンロードする技術が必要となります。

体が死んだ後でもコンピュータの中ではいつまでも存在し、環境と交流することができるのです。このコンピュータにカメラやマイクがついていれば、スピーカーを通して友達と話すこともできますし、昔ながらの友達と思い出話もできます。仮想世界で一緒に遊ぶことだってできます。

さらに、一時的にコンピュータにダウンロード、というよりもアップロードして、知識を得たり、仮想訓練の場で何かを学びたいと思うかもしれません。そうすれば、元の体に再びダウンロードすれば、新しい技術や情報をプラスして持つことができます。

ですから、クローニングの第三段階の場合、個性や記憶をコンピュータにダウンロードする代わりに、クローンしたばかりの自分の若い体に直接入れるのです。これは単に、ソフトウェアをハードウェアに挿入するだけの話で、私たちはすべての記憶と個性を維持したまま、若い体になって目覚め、もう一つの人生を生きることになります。そして、新しくクローンされた体から、また新しい体をクローンするというように、永遠に繰り返すことができます。

エロヒムはこうやって、永遠に生きています。だからこそクローニングが、永遠の生命への鍵《かぎ》となるのです。

人のクローニングに反対する人たちの言い分は、非常にバカげています。これについて一つずつ見ていきましょう。

人間のクローニングによって、人口過剰の問題がさらに悪化する?

実際、クロネイドに問い合わせてきた人の数を見れば、顧客となり得る人の数は、世界でおよそ1万人しかいません。彼らのほとんどは、他に治療法を見つけることができない不妊問題を抱えた家族です。

注目して欲しいのは、自然に生まれる赤ん坊の数は、一時間に1万4000人以上いるということです。つまり、毎年1億2000万人の人口が増えているのです! クローニングによって1万人の赤ちゃんが増える、つまり年間の誕生率の1000分の1パーセントにも満たない数が増えたところで、自然による誕生が既に全く抑制のきかない状態である現在、どんな違いが生まれるというのでしょうか。

人口過剰問題を本当に解決したいのなら、一家庭が持つ子供の数を制限することから始めるべきです。これは、大変賢明に中国が実施してきたことです。1人の人が子供を1人しか持たないことになれば、人口は安定します。

皮肉にも、法王はいまだに避妊や中絶を強く非難しています。そういうことをしている法王は、1万人のクローンの赤ちゃんよりも、ずっと人口過剰に責任があります。どうして、不妊の家族が赤ちゃんを1人持つ権利を否定できるのでしょうか？　カトリックの家族には10人以上の赤ちゃんを持たせることを許しておきながら。これこそが、人口過剰の本当の犯罪者です。クローニングは関係ありません！

人クローニングは生物的多様性を減らす？

60億の人々が自然に子供を持つ方法を続けていれば、たった1万人の不妊の夫婦が子供を1人持ったとしても、世界の生物的多様性が減少することはないでしょう。世界の不妊症ではない夫婦、それは世界人口のほとんどを占めますが、彼らは愛を交わして従来の方法で子供を宿し続けるでしょう。

仮に、私たちの生物的多様性を守ると訴える、このネジ曲がった論理を続けるのなら、双子や三つ子を宿している母親全員に、中絶を強制しなければいけないのではないでしょうか？　最近、イタリアの女性は八つ子を産みました。遺伝的に同一の子供が8人です。そしてみんながそれを祝っています！　しかし、その八つ子がクローニングによって生まれていたら、みんなは怒っていたでしょう！　なぜこのような不公平があるのでしょうか。なぜ、偶然の結果できた子供たちが、科学的に計画されて作られた子供たちよりも尊敬されるのでしょうか？

　とは言っても、同じ遺伝子コードを持つ人の数を制限することは望ましいです。生物的多様性を守るための賢い規則としては、同じ時に生きる同じ「型」の人間の数を１人あるいは多くても、双子のように２人に制限するというのがあります。エロヒムはそのようにしています。

　しかし、そのような規則は、あらゆる数の多産にも当てはめなければなりません！　同じ遺伝子コードを持つ人が２人以上いることが違法だとしたら、双子だって違法ということになります。その母親は、双子の１人を中絶することを強制させられるべきなのです！　自然に生まれた双子を認めるのなら、クローニングで生まれた双子も認めなければなりません。不公平があってはいけないのです。

　双子を認めるとしても、同じ疑問が三つ子、四つ子、それ以上の多産についても出てきます。そして、余分な子供たちは中絶を強《し》いられなければならなくなります。代わりに、クローニングの数を「自然の」双子に認められるのと同じ数に制限することもできます。８人としましょうか。ちょっと多いようですが。しかし、大事なことは、クローニングによって生まれる子供たちの数を制限するどんな規則も、自然に生まれる子供たちに適用するべきだということです。さもなければ、差別になります。

クローニングは怪物を作り出す？

クローンの子供たちは、歴史上のどんな子供たちよりも、受胎の頃から厳しく監視されるでしょう。現代の遺伝子医学によって、私たちは受胎後の最初の数週間で、胎児がどんな異常もないかどうかを確認することができます。

「自然な」方法で身ごもられた怪物が毎日生まれているのに、今のところ性的な生殖に反対する人はいません。最近、接着双生児の1人を、もう一人を助けるために犠牲にしなければならないというニュースが世間を騒がせました。結局、裁判所は両親の「神の御心《みこころ》のままに」という望みを却下し、1人が生き残るためにもう1人を犠牲にするべきだ、との判決を下しました。

この、腰の部分が接着した双生児がクローニングによって生まれていたら、全世界はすかさず、「クローニングによって作られた怪物を見よ！」と言ったでしょう。特に、1人が生き残るためにもう1人を殺さなければならないのですから。しかし、この双子の姉妹は自然に受胎されたため、誰もそれほど顔色は変えませんでした。

怪物と言えば、ほんの数例ですが、アドルフ・ヒトラーも、ジョセフ・スターリンも、クローニングによって生まれたのではない、ということに注目したら面白いです。

事故で死んだ人がクローンとして生まれた子供は、成長して自分が誰かの身代わりだと知ったら、幸せではなくなる？

上手《うま》く育てば、子供は、自分の幸せは他人から愛されるよりも、自分自身を愛することにあると学ぶでしょう。子供を亡くしてからすぐに自然の方法で次の子供を持つ夫婦は、これまでどのくらいいたでしょうか。それでも、前の子供の後に生まれたからといって、次の子供の幸せの可能性を疑う人はいません。

一方で、口汚い両親を持ったり、愛のない育てられ方をしながらも、バランスの取れた調和的な人生を持つ、素晴らしい人になった子供が沢山います。反対に、愛に囲まれて育てられながら、今では麻薬をやったり、悪事を働く人になったり、自殺をしてしまう子供が沢山います。どのような受胎の方法でも関係がないのです。ヒトラー、スターリン、あるいはナポレオンは、両親から多くの愛を受け、大変幸せな子供時代を送ったようです。

私たちは、クローンの子供を育てる方法を選ぶことができます。子供に真実を話すこともできますし、話さないこともできます。多くの「普通の」子供たちが、片親が遺伝的に本当の親ではない家庭で育っています。養子の場合、どちらの親も生物学的に本当の親ではありません。その場合、本当のことを話す親もいれば、まだ赤ん坊の頃に養子にした場合は特に、本当のことを話さない親もいます。でも、養子にされた子供たちの気持ちは同じです。大事なのは、誰が生物学的に本当の親なのかということではなく、誰が自分を愛してくれたのかなのです。「遺伝的に」本当の親と再会して喜ぶ人たちもいるでしょうが、自分を本当の家族として、養子にしてくれた人たちのことを忘れることはありません。それが愛です。

クローニングが合法化されたら、政府はクローンの兵士を使って優《すぐ》れた軍隊を作ってしまう？

まだこのようなバカげたことを信じている人は、20世紀の脳、すなわち先史時代の脳を持っているということになります。イラクやコソボなどの現代の紛争を見れば、何千何百という能《よ》く訓練された兵士も、現代的技術の前では無力であることが分かります。この技術を使って、国際連合軍を率いるアメリカは、一人も地上で戦わせることなく敵を潰《つぶ》してしまいました。実際これらの紛争で、アメリカの兵士は一人も戦闘で死ななかったのに対し、敵側は数千人もの死者を出しました。もう一つ注意したいのは、アメリカには徴兵義務はありませんが、イラクやセルビアにはとても長い期間の徴兵義務があります。それにもかかわらず、イラクやセルビアは、彼らの追跡システムを逃れることができるアメリカのステルス航空機や、針の穴ほども正確に目標に達するミサイルに、触れることさえできませんでした。

この技術では、千人のアメリカ人パイロットがいるだけで、地上にいる何百万人もの通常の兵士を一掃することができますので、優秀な軍隊を作る目的で兵士をクローニングするという考えを持つのは、全く時間の無駄です。

クローンの子供は寿命が短くなる？

クローニングの過程で70歳の人の細胞を使えば、既に70歳の細胞を持つ赤ん坊が生まれると誤解して、信じている人がまだいます。この理論は間違っています。しかし、たとえそれが正しいとしても、十カ月の赤ん坊をクローニングする場合は問題ありません。85歳の寿命から十カ月を引いても取るに足らないことですから。

ドリーが誕生した後、世間は、短めのテロメアによってクローンは早く老化する可能性がある、という噂《うわさ》で持ちきりでした。でもしばらくして、ドリーはまだ生きており、正常に生殖でき、平均寿命も同年代の他の羊と同じであると分かりました。その後のクローニングの実験で、クローンはテロメアの長さに違いを持たないと証明されました。さらに、ハワイ大学の最近の研究で分かったことは、七世代後でもクローンのテロメアの長さは短くならないばかりか、場合によっては、これは科学者たちも説明できないでいることですが、いくつかの細胞が本来よりも若くなっているということです！　私たちはまさに、永遠の生命の秘密に大変近づいてきているのです！

クローニングは自然ではない？

それは抗生物質、心臓マッサージ、移植、輸血、歯の詰め物、そして毎日多くの人々に行われている、数え切れないほどの医学的介入や治療なども同様です。

でも、まぎれもなく自然なことというのは、病院も衛生という考えもなく、平均寿命が35歳を越えない国々で、90パーセントの小さな子供たちがいつも死んでいっていることです。

あなたは本当にそれを望んでいるのですか？「自然派」を自称する人の中で、自分の子供や死にかけている母親を、医療が提供できる最も進んだ技術で治療することを、拒む人はいるのでしょうか。

自然ではないという理由でクローニングに反対し、私たちを「子供をクローンしようとしているカルト」と呼ぶ人たちは、同じくエホバの証人たちが輸血を拒むことを非難しますが、クローニングに対する人たちの反応は、彼らと同じように科学を拒んでいることになります。

未来の世代に場所を空《あ》けるために、死ぬということは当たり前である？

何の権利があって、未来の世代の方が今の世代よりも重要であると言うのでしょうか。生きる権利というのは、どの文化でも神聖なものと見なされています。寿命を延ばすことができたり、永遠の生命を持つことができるようになったら、何を根拠に、何歳でこの神聖な生命の尊重というものが終わりになるというのでしょうか。

もしも、不幸すぎたり惨《みじ》めすぎたり、病気やうつ病の人がいて、永遠の生命を欲しいと思わないとしたら、永遠の生命は決して、その人たちに押し付けるべきものではありません。私の講演会でよく言うように、「死にたければ、死んでください。そうすれば、生き続けたい人たちに場所を明け渡すことになりますから」。永遠の生命は、それを望まない人に強制するべきではありません。

うつ病の人に永遠の命を与えることは、サディズムと同じです。そういう人たちのほとんどは、新しい毎日が精神的に苦痛なのです。だからこそ多くの人が自殺するのです。永遠の生命は個人の選択の問題であって、決して強制してはいけません。

一般の人々にアンケートを取れば、ほぼ確実に、大多数の健康な人々は永遠に生きたいと望むでしょう。

もちろん、年齢と共に能力が衰《おとろ》えた年寄りや、弱った人が死にたいと思うのは全く自然なことです。弱って多くの痛みに苦しんでいる人に、永遠の命を楽しむことをどうして期待できるでしょうか。でも、病人を治《なお》し、老人に若さを取り戻させれば、彼らはもう死にたいとは思わなくなるでしょう。

実際、ほとんどの老人は、運動したり、薬を飲んだり、やれることをやって、できるだけ長生きしようとします。死にたいと思うには、人はよっぽど落ち込まなければなりません。体は健康なのに死にたいと思っている人は（多くはいないでしょうが）、先ずうつ病を治療してもらうべきです。そうすれば必ず、もう死にたいとは思わなくなるでしょう。

それでも、歳《とし》を取っていようが若かろうが、肉体的あるいは精神的な苦しみがあまりにも大きくて耐えることができない場合、死ぬことを選ぶ権利を尊重するべきです。これは安楽死の問題になってきます。つまり、苦しみを治療できない時、尊厳を持って死ぬことを選んだ人を助ける権利です。私は、肉体的と精神的との両方を強調します。バスク人の国では、素晴らしいことに安楽死が合法化されました。でも残念なことに、この特権は、治療できない肉体的な苦しみを持つ人だけに限られています。まるで精神的な苦しみは、あまり重要ではないかのように…。

重症のうつ病の人は、骨のガンの人と同じくらいに苦しんでいます。苦しみの場所が違うだけなのです。

肉体的な苦しみに比べて、治療不可能な精神的苦しみを取るに足らないものとするのは、精神的苦しみよりも肉体的苦しみの方を特別扱いとする、時代遅れの医療システムに基づいた弁解のできない差別です。

安楽死は、肉体的なものであろうと精神的なものであろうと、治療できない苦しみを持つ人々にすべて許されるべきです。

永遠に生きる権利と、死ぬ権利は、個人の選択の自由を尊重する現代の社会では相伴っていくものです。

永遠に生きることは、想像できないほど退屈に違いない？

そのようなことは、既に退屈している人だけが言う台詞《せりふ》です。いつも、新鮮な沢山の喜びに育《はぐく》まれて情熱を持って人生を愛する時、決して退屈になることはありません。

いつかジャーナリストが私に言いました。

「いつも同じ人ばかりに会って、とても退屈になるでしょうね」

現在60億の人間がいます。ある人と知り合いになるには、少なくとも一時間は話をしなければならないとします（自分の興味のある人にはもっと長い時間になります）。また、他のことでも忙しいため、運が良くて一日に出会える人は3人とします。ということは、一年に1000人の新しい人と出会うことができるということになります。

現在の平均寿命である80年で、家族と過ごす10年を除けば、7万人に出会うことができます。ですから、「普通の」人生では、たった7万人にしか会えないのです。つまり、地球に現在生きている人の、ようやく100万人に1人を越えるかというくらいです。

でも、現在と同じ人口の中で永遠に生きることができるとしたら、現在の地球人口の半分の人と出会うには、300万年かかることになります。

それに、その人たちの全員と会い終わる頃には、最初に出会った人たちのことはすべて忘れてしまって、再びその人たちみんなと会うことから、始めなければならないのは間違いありません。

でも、真面目《まじめ》な話として忘れないにしても、何世紀も経《た》てばその人たちも変化し、全く別の人となってしまうでしょう。

実際これは、エロヒムの教えの中でも興味深いものの一つです。これはまた、仏教の教えにも反映されています。曰《いわ》く「同じ川に二度と入ることはない。なぜなら二度目には水が変わっているから」。私たちも同じです。私はこう言います。同じ人に二度と会うことはありません。なぜならお互いに常に変化しているのですから。

だからこそ、私たちは同じパートナーと大変長い間生活しながら、永遠に愛し合うことができるのです。それは相手をいつも新しい目で見て、相手が成長する中での絶え間ない変化に常に気づき、驚いていられる意識を持つ場合ですが。

同じ人といつも会って飽きてしまう？　とんでもありません！　これは活動にも同じことが言えます。同じ日の出は二度とありません。たとえ日の出が同じだとしても、私たちは生きていて変化していますから、日の出を違う視点で見るでしょう。だから永遠に生きることで、退屈することは決してないのです。

退屈は私たちの内面からやってきます。それは環境からでもなく、長生きすることからでもありません。あまりに退屈で20歳になる前に自殺してしまう人がいます。一方で、永遠に生きながら、存在することに大きな喜びを持ち続ける人もいます。

でも多分、存在することを十分に味わうには、私たちの「所有」と「知識」の文化を、「有りのままでいる」文化に変える必要があります。そして私たちの社会の精神的指導者の成長と教えを奨励し、彼らを「危険な教祖（guru）」とか「カルトの教祖」として中傷するのを止《や》めることです。

「教祖（guru）」という言葉は、「悟らせる、生きている一瞬一瞬に驚くことを教える」という意味のサンスクリット語です。私たちが生きているあらゆる瞬間に驚く時、それを終わりにしたいとは思いませんし、永遠に幸せでいる準備ができています。

マスコミによって故意に広められる恐怖心。

では、人のクローニングについて話す時、なぜ人々は恐れるのでしょうか。

先ず理解しなければならないのは、大衆の意見は、少数の人たちによって操作されているということです。私たちはその少数の人々に、ある種の倫理的権威を与えてきました。大衆のほとんどが、その人たちの視点には既に興味を持っていないとしてもです。

一方マスコミは、大衆を怖がらせるための権威の声として、そのような人々を利用する必要があります。そうすれば、より高い視聴率や売り上げが保証されるからです。

犯罪、戦争、醜いもの、醜聞は、単なる良いニュースよりもずっと売れます。ですからマスコミの興味は、狂乱を煽《あお》り、全くの嘘までもどんどん書かせることにあります。ルーマニアのティミソアラの虐殺では、犠牲者の数を増やすというようなことをしています。本当は数十人の犠牲者だったのが、記者によって何百人、さらには何千人と誇張されました。正直な記者が本当の数を書けば厳しく注意され、嘘でも他の記者と同じように何千人もの犠牲者と書かなかったということで、修正論者と呼ばれるでしょう。

最近のインターネット上での公開討論会、たとえばBBCによる討論会では、非常に多くの人々が、人のクローニングに賛成していることが分かります。

でも、マスコミはそれを書きません。

マスコミはいつでも、そのことについて少しも理解することができない、過去の時代から来た少数の保守的な人たちの意見を書きます。

例えば、ローマ法王はあらゆる進歩に反対である、カトリックの長い伝統には常に忠実です、と。

バチカンが、新しい発見をすべて非難してきたことを忘れてはなりません。地球が宇宙の中心ではないと証明した、コペルニクスやガリレイを有罪にしただけではなく、ジョルダノ・ブルーノは他の惑星にも生命がいると言ったために、火あぶりにされました。また、最初にフォークを使って食べた人たちは破門にされました。食べ物は「神の」贈り物であるから手でのみ触るべきだと。蒸気機関、電気などでもそうですし、避妊や中絶については言うまでもありません。

マスコミは、これらの立場の意見は取り入れ、他の宗教の意見については書きません。実際、クローニングに賛成することを決めたラビや、イスラム教や仏教の指導者がいます。でも、マスコミはそれについて何も書きません。

端的に言えば、これらのイスラム教やユダヤ教の宗教的指導者たちは、「神が人間にこのような技術を発見させ、使わせることを許すなら、それは神の意思である」と言っています。全能の創造者である神を信じない仏教の指導者たちは、クローニングは「良いカルマ」だと言っています。つまりクローニングによって、「魂」の再生するチャンスがもう一度与えられるのだと。

それでもマスコミは、ローマ法王の声明だけを書いています。

だから、私たちは一つの方法で物事を見ることしか許されていません。このような制限は、私たちの生活の多くの分野で起こっています。社会を統一しようとする傾向がありま す。違いを見えなくし、まっすぐな狭い正常の道から外れる人のすべてを、極悪非道の怪物と呼ぼうとしています。同じ非難が宗教的少数派に投げられ、彼らは「セクト」とか「カルト」と呼ばれています。みんなが同じように考え、同じものを信じ、同じものを買わなければならないのです。

でも幸運なことに、インターネットによって、世界的に考えを交換することができるお陰で、違う考えを持つ権利を守るために闘っている人たちは、今、自分たちが一人ではないということに気づいています。

「アラカルト」で子供を作る

生まれる前に、両親が子供の特性をある程度選ぶことは既に可能です。男の子か女の子かを選ぶことができますが、そういう選択に、反対票を入れた方がいいと思っている国もいくつかあります。

しかし、もうまもなく、子供のあらゆる特性が選択できるようになり、実際に「アラカルト」で赤ん坊を持つことができるのです。

これに反対する人の言い分はバカげています。

現在のところ、それはすべて運に任せられており、まだそういうことを信じている原始的で迷信深い人々は、それを「神の意思」だと言っています。

結果として、そのような家族は障害を持った遺伝的に奇形の子供を産み、その子は一生苦しみ、寿命は大抵とても短く、その子の世話は社会にとって大変大きな重荷となります。

でも、このような苦しみはすべて、簡単に避けることができたのです。

健康な子供だけが生まれるようにする方法をもはや知りながら、一生苦しむことになる子供が生まれるのを許すのは、人類に対する犯罪です。

そういう人たちは、「クローニングによって子供を作ることは、本当に望まれた子供とはならないので、子供の精神のバランスの点で危険である。私たちは自分の喜びのために子供を持つべきではなく、新しく生まれる人間の幸せのためにそうするべきだ」と言うのです。未来の人間に対して愛と思いやりに満ちたことを言う同じ人が、その子の健康に関しては何の配慮もしないのです。いきなり、自然に任せた方が良いと言い始め、遺伝的に障害のある子供ができることを防ごうとしないのです。しかし、クローンされて障害もなく生まれるよりも、片方の腕や足がない状態で生まれる方が、ずっと深刻です。

そういう人たちが、未来の子供の性を選ぶことを拒むのも矛盾しています。男の子を望んでいる家庭が代わりに女の子を持てば、その子は拒否されたり虐待《ぎゃくたい》されたり、残念なことにいくつかの国で起こっているように、売られたり殺されたりすることもあるかもしれません。世界でそれほど野蛮な失望の表現をしないもっと文明的な国でも、そのような感情が、子供の調和的な発達に影響を与えるかもしれません。

家族に子供の性を選ばせることで、その子供は100パーセント待ち望まれて愛されることは確実です。これこそが、生まれてくる子供の将来を心配してやるということです。

大抵の家族が、男の子または女の子を望むということが、人口の性別比を大きく変えることには繋《つな》がりません。いずれにしても、クローニングによる生殖のお陰で、そういうことは全く重要ではなくなります。例えば、ほとんどが男性で構成されているような「バランスの崩れた」集団を想像することができます。そこでも、女性は人口を維持するために、クローニングによる生殖のお陰で十分なリズムで生殖していくことができます。

個人の自由がある国、アメリカ合衆国がまたこの分野でも、先駆者になるだろうと言っても良いと思います。

最初に体外受精を認可したのは、政権からは完全に独立し、終身で任命された裁判官で構成される、アメリカの素晴らしい最高裁判所でした。これにより、「アメリカ国憲法は個人が生殖の方法を選ぶ権利を保障している」という原則のもとに、現在一日に何百人という母親を助けています。体外受精に有効なことは、クローニングや、もちろん子供の特性を選ぶ自由にも当てはまります。

さらに言えば、将来親となる人たちが、子供の肉体的・知性的な特性を選んではいけないという理由はありません。

子供の幸せはそれに掛かっているとも言えます。なぜなら、子供が両親の期待に添っていればいるだけ、愛されるでしょうから。

科学者の家庭が、自分の子供は自分の分野で天才になって欲しいと望むことに、どんな害があるのでしょうか。もし運に任せたら、スポーツや音楽にしか興味がない子供を持つことになるかもしれません。この時点ではよく起こることなのですが、その両親がその子の本来の才能に干渉することで、子供の人生を惨《みじ》めなものにしてしまうという大きな可能性があります。親から自分が本当にやりたいこと以外のことを強制され、立ち直れない人たちが世界には沢山います。もうどんどん落ち込んでいき、その苦しみを自殺することで終わりにするか、麻薬やアルコールでゆっくりと自分を殺すか、という状態です。

音楽家の夫婦が音楽に才能のある子供を望み、遺伝学がそれを許せば、それはもう万々《ばんばん》歳《ざい》です。両親も子供も一緒に完全に幸せです。両親は子供の能力が伸びるように、理想的な環境を整えることができるし、未来の巨匠は生きているのが幸せであり、溢《あふ》れるほどの才能は社会にとって本当の財産となるでしょう。

同じようなことが、高水準の科学や、スポーツの分野にいる夫婦にも当てはまります。親たち、未来の子供、社会、これらのすべてが、両親が将来の子供の特性を選ぶことができれば、得をするのです。

これに関して、すべてのいわゆる「倫理的」な心配は、原始的な宗教から来ている口実に過ぎません。想像上の神様が、無実の子供にどんな病気を与えるか、あるいはどんな贈り物で、その子供の人生に栄光を与えるかを決めて欲しいと思っているのです。

それでも、私たちの時代のそういう「倫理的」疑問が、完全に反倫理的に聞こえる日が来ます。そういう疑問は、生まれてくる子供、あるいは人類の将来の本当の幸せを考えていないのですから。

もう一度言いますが、賢明なのは人々に選択を許すことです。選択の自由が許されれば、もうほとんどの親は必ず、将来の子供の特性は運に任せるよりも自分で選びたいと思うでしょう。自分の子供に最高のものを望まない母親は、世界にはいないはずです。例外は、意識を制限する宗教的信仰に、完全に言いなりになる少数の人たちです。問題なのは、そのそういう人たちが、今では避けられる肉体的奇形や、一生の病気、障害に苦しむ子供が誕生してもいいように、社会が許すことを勝手に決めても良いのかということです。

民主主義も、子供にとって最も良いことを母親たちよりも知っていると主張する、保守的な宗教の人々の「倫理的に正しい」頭をくつがえすでしょう。

また、このような人たちは、障害のある子供たちの重荷を、社会に負わせる権利があるのでしょうか。そういう子供たちは、時代遅れの宗教の信仰に基づいた、犯罪的な決定の結果なのです。

宗教が理由ならば、どんな犯罪も正当化して良いのでしょうか。嬉しいことに私たちは、宗教的献身の口実の下に人類を犠牲にするということを、もう許してはいません。ようやく私たちは、宗教的信仰に基づく性器切除を禁止し始めています。もうそろそろ、遺伝的欠陥に苦しむ子供が生まれるのを禁止する時期ではないでしょうか。そういう子供が生まれるのを防ぐことができるのに、それをしないというのは人類に対する犯罪なのですから。

遺伝子組み替え食品——飢餓の終わり

ついに、遺伝学のお陰で、すべての人に食料が豊富に与えられるようになるでしょう。遺伝子組み替え食品は人類の未来です。これには多くの利点があります。先ず第一に、地球上に散布される殺虫剤や殺菌剤の量を、大幅に減らすことができます。これらは公害の深刻な元凶となっています。

それから、最近の遺伝子操作で作られた黄米のように、遺伝子組み替え食品は、ビタミン不足で深刻な第三世界の人々へ、重要なビタミン源を供給することができます。

西洋人が、肥満した塔のてっぺんから、遺伝子組み替え食品は危険だと宣言するのは容易《たやす》いことです。しかし、健康にもっと危険なのは全く食べ物が無いことです。それ以外のことは、萎《しぼ》んでしまうほど取るに足らないことです。

最初にできた遺伝子組み替え食品が完璧《かんぺき》なものではないとしても、実験は続けるべきなのです。なぜなら、そうすることで改善されていくのですから。人の手によって作られたそのような新しい品種が、外に出て「自然」の品種と交配してしまうという恐れには根拠がなく、無知から来るものです。最近までは、望まれる遺伝子の修正は、何世紀にも亘って、庭師や飼育者によるゆっくりとした選択の結果、得られたものでした。

遺伝子組み替え食品はそれと変わりません。時間がずいぶん節約できること以外は。何世紀もかけて、より生産性の高いものへと選択されてきた小麦が、野生の小麦と交わってしまうだとか、20倍の牛乳を作るように改良された乳牛が、野生の種を「汚染」しないだろうかと恐れている人は誰もいません。

遺伝子工学の利用で、食料が豊富になったり汚染が減るだけではなく、素晴らしい味の果物や野菜を再発見することもできます。味も遺伝子で操作されているのですから。ですから、イチゴの味を良くし、精製した白砂糖を加えずに自然にもっと甘くすることもできるのです。

想像してください。果物や野菜が、全く自然で、殺虫剤も使われずに百倍も美味《おい》しくなるのです。飴《あめ》のように強烈な味のイチゴやバナナ、パイナップルが食べられるのです。

家畜でも同じことができます。最近、野生の種より十倍早く成長するサケが遺伝子工学で作られました。

いわゆる「環境保護的」の反対者は、それは外に出て野生のサケと交わる危険があるという口実のもとに、そのサケが市場に出回るのを阻止しようとします。野生のサケと交わったらどうなるというのでしょうか。十倍大きいサケができるだけです。文句を言う漁師がいるとは思えません。

遺伝学者は、進歩に反対する人たちを黙らせるために、そういうサケを不妊にしたらどうかと提案しています。でも、野性のサケを獲《と》る漁師は、獲れるはずのサケの10分の1のサケを獲ることには満足しないでしょう。

それに、遺伝子組み替えのサケの味は、「普通」のサケの味に劣りません。それどころか、身の味を制御する遺伝子を改良して、さらに美味しくすることもできます。肉類にも同じことができます。例えば新鮮な牛肉を、成熟した牛肉と同じくらい柔らかく美味しくすることは、お茶の子さいさいでしょう。さらに改良して、食べ物という食べ物のすべてに、同じことができるようになるでしょう。

最近、科学者はウサギの遺伝子にクラゲの遺伝子をいくつか加えて、光るウサギを作り出しました。

このウサギを紫外線の光に当てると、蛍光を放ちます。これはきっと、子供たちのペットとして大変人気者になるでしょう。

もちろんここでも、いわゆる「動物愛護家たち」が反対の声を挙げるでしょう。このウサギは、光ることで文句を言っていますか。私の知る限りではまだです。遺伝子組み替えで話す能力は与えられていないのですから（いつかはできるかもしれませんが）。

健康な光るウサギが普通のウサギよりも不幸だと、どうして分かるのでしょうか。ここでもまた、このような抗議は、原始的な人々が科学に反対するいつもの反応なのです。

私は個人的に、誰かがこの遺伝子を、私にプレゼントして光らせてくれたら嬉しいです。夜の海辺でのパーティで、どれだけ楽しめることでしょうか！ いつの日か……。

遺伝子組み替えされたペットは、なぜそれほど、保守的な人たちにショックなのでしょうか。彼らは、ブルテリア、ブルドッグ、ヨークシャーテリア、あるいはチワワの酷《ひど》い顔に、ショックを受けているでしょうか。いませんね？ でも、これらの品種はすべて、オオカミや野生の犬が元となっており、何世紀もかけて遺伝子選択されてきた結果なのです。もしオオカミや野生の犬が今存在して、遺伝子学者が直接ジャッカルやチワワを作り出せば、同じ「動物愛護家たち」は「スキャンダルだ！」と叫び、種をそのように修正してはならないと言うでしょう。でも彼らは、シワクチャで毛のない裸の猫を嬉しそうに眺め、文句一つ言いません。それは単に、その猫の遺伝子組み替えが数カ月ではなく、数世紀もかけて起こったからなのです。これほどバカげたことは他にありますか？

インターネット——一つの宗教的体験

クローニングに反対している古い「恐竜たち」が、新しい通信手段に存在する自由にも反対することは、全く当然のことです。理由はもちろん、政府や、権力に従う国会議員や経済的・宗教的権力者たちが共謀して通信を牛耳ろうと、従来の回線を管理し検閲してきたにも拘《かかわ》らず、人々はそれ以外のところのインターネットによって、瞬時に通信することができるからです。

あなたがこの文章を読んでいる間にも、主要な新聞やテレビ局は、政治的、経済的、宗教的に正しい情報を用意して、大衆に鵜呑《うの》みにさせようとしています。その目的は、大衆をより簡単に統治し、搾取《さくしゅ》することができるようにするためです。何度も繰り返して言うことによって、彼らは、自由を謳歌《おうか》している社会に住んでいるのだという幻想を信じさせようとしています。中国とフランスの政府は、この手のペテン（嘘《うそ》）が大変得意です。どちらも、アメリカの報告書の中では、宗教の自由を尊重しない国として選ばれています。

例えばフランス人は、特に自由な国に住んでいると信じ込まされています。でもそれは完全に間違いです。アメリカこそが自由の国です。でも、マスコミによって支持されているフランス国家の宣伝によって、フランス国民は、自分たちの自由は国の自尊心の問題であり、もうほとんど、自分たちの伝統であるとさえ信じ込まされています。フランス人は、自分たちには自由があるという考えにあまりに誇りを持っているため、その自由自体がほとんど完全に腐っているということには気づいていません。

誰かがフランス人に、比較として本当に自由な国、例えばアメリカのことを挙げると、フランス人はすかさずアメリカの悪い部分を並べ立てます。フランス人にとってそれは自由すぎる、安全ではない、死刑制度もあるし貧困もある、と決まりきったことを言うのです。

実際、彼らの自尊心の感覚があまりにも大袈裟《おおげさ》であるため、自分たちには丁度《ちょうど》良い自由さがあって自由すぎてはいない、という完璧《かんぺき》なバランスがあると思い込んでいます。

これは、自分を追い越して運転する人は若すぎる乱暴な子供だと思い、自分が追い越して運転するには歳を取りすぎた婆《ばあ》さんだと思う運転手と、大して変わりはありません。誰もが自分の視点で物事を見るというのはよく知られたことです。しかし、自由に関しては、それが有るか、全く無いかの、どちらかでしかないのです。

「完全な自由などは有り得ない。混乱を避けるためには制限が必要である」と言う人もいます。その通りです。正義が存在するためには法律が必要ですし、すべての人が人種、財産、権力に関係なく平等な権利を持つべきです。でも、これは政府にも当てはめなければなりません。

アメリカでは、憲法によって保障されているように、個人の自由や表現の自由を尊重しない法律を作る政府は、責任を負わなければなりません。しかし、フランスはそうではありません。「社会的な秩序が脅《おびや》かされる時」、この自由を制限する条項があるのです。この間違った口実はいつでも引っ張り出され、人権宣言で普通は保障されている、個人の自由を攻撃するために使われます。

人権宣言によって保障している基本的な自由を、制限する条項があってはなりません。たとえそれが「社会的秩序」を保つためであってもです。本の出版やインターネットのサイトへのアクセスを禁じたり、宗教的少数派を差別する国は自由の国ではありません。表現の自由は、完全で制限のないものでなければなりません。そうでなければ自由ではありません。フランスには自由はありませんが、アメリカには自由があります。このことは、書面でも実際でも見られることです。もし強大なアメリカ合衆国の政府が、憲法に反した法律、あるいは表現の自由を尊重しない法律を通過させようとすれば、この法律は、政府の利権とは切り離された独立した組織である最高裁判所によって、無効とされるでしょう。

一方、インターネットは、情報を自由に直接に伝えることができるため、意見を持つ人は、その意見が主流の意見とは違っていても表現でき、人々に考えさせ、公式な物の見方に疑問を提示することができます。政治的なもの、宗教的なもの、科学、あるいは経済に関することでも良いのです。だからこそ全体主義の国々は、彼らの絶対的権力を失わせることになるインターネットを管理しようとしているのです。

表現の自由は大変重要で、人権宣言によっても保障されていますが、これを実現するのにインターネットはまさに理想的な道具なのです。

当然ながら、憲法が表現の自由を無制限に保障している、世界でたった一つの国であるアメリカ合衆国は、インターネットも完全に自由です。これからもそうあり続けようとしています。

一方、中国は、ドイツやフランスなどの国と同じように、自由のイメージを伝えようとしていますが、現実は全く違います。これらの国々はインターネット上の自由を制限し、インターネットで特定の意見を表現する人を刑務所に入れてしまいます。

例えばフランスは、ナチの強制収容所の現実を否定したり最小限にするというような、修正主義者的な傾向を持つ人々を刑務所に入れています。しかし同じような意見は、アメリカのウェブサイトで見ることができますし、それは、ずっとそのままにして置かれているようです。

またフランスは、ヤフー・フランスがフランスのユーザーにナチの遺留品をオークションに出しているアメリカのサイトへのアクセスを禁じました。それでも、これらの品物を買いたいと思っているフランスの人々は、アメリカのサーバーに接続してアクセスしています。ドイツでも、政府は多くの極右派のサイトを強制的に閉鎖させましたが、それらのサイトはすぐにアメリカで再開されました。

それがインターネットの魅力なのです。独裁的で反自由の政府が、いわゆる「修正主義的」本の出版を禁じたとしても、いつも数日後には、インターネットで見ることができます。これはフランスでは何度も起こっています。ロジェ・ガロディや、前フランス大統領のミッテランの主治医が書いた本などがその対象でした。

インターネットは検閲の死を意味します。再び禁制が終わるのです！　もはや禁制を敷くことはできません。妨害したいと思うどんな考えや表現も、小さな抜け道を通ってインターネットに現れることができるのですから。

私は、修正主義者やネオ・ナチの哲学に賛成だと言っているのではありません。しかし、人権宣言によって保証されている表現の自由に従えば、すべての人が、自分の考えを自由に表現する権利を持つべきなのです。

そのように行っているのがアメリカです。アメリカは、この基本的な自由主義を尊重する世界でただ一つの国であり、それで問題は少しも起こっていません。表現の自由が完全であるため、人種的憎しみやナチの理想に反対する人たちもまた、自分たちの意見を自由に表現できます。このような人たちの数は大変多いので、友愛や人種間の尊重を伝えるインターネットのサイトはさらに沢山あり、非常に多くの人たちがこの価値観を分かち合っています。そしてずっと、表現の自由は尊重されています。

このインターネットの自由が、先に書いたような極端な場合でも神聖なものと考えられるならば、これは新しく、さらにずっと、革命的な地平線への扉を開きます。

印刷機が発明され、考えが自由に行き渡るようになった結果、宗教に革命が起こり、プロテスタントとカトリック教会に大きく分裂しました。そのお陰で、当時カトリック教会によって振るっていた強大な勢力が弱まりました。

そこでも、フランスのような全体主義で自由殺しの国々は、血なまぐさい大虐殺で解放運動に口封じを試みました。例えば聖バーソロミューでは、何千人ものプロテスタントが政府の命令で虐殺されました。その当時でさえ修正主義者は差別されていました。しかもそれは宗教的なものでした。政治的に正しいカトリックの大多数とは違った考えを敢《あ》えてしようものなら、フランス政府はこう言いました。
「やつらを殺せ。ただし、皆殺しだ」
それは全く長い伝統なのです。一体どうしたら、フランス人であることを誇りに思えるのでしょうか。

確立された権威に疑問を持ち、新しくて問題になる考えを印刷できるということは、一つの革命でした。それによって、考えが口から耳に伝わるよりも遠くへ伝えることができたのですから。一人の天才や、夢想家や革命家は、一度に少人数のグループに話すことしかできませんでした。つまり、彼らの新しい考えが社会に影響を与えるまでには、何世紀もかかったのです。

でも、印刷機のお陰で、彼らの考えが社会に大きな影響をもたらす重要な時間は、ほんの数年に縮まりました。だからプロテスタンティズム（新教）が、あれほど早く爆発したのです。

イエスの時代に印刷機があったなら、キリスト教がヨーロッパに広まるのに何世紀もかからなかったでしょう。

現在、インターネットを使えば、全地球上で即座に革命的な考えにアクセスできます。

そして今、Eーブック（電子本）が登場しています。

スティーブン・キングは、最近この方法を使って、彼の新しいスリラーをインターネット上で直接出版しました。

紙の出版会社は、新聞であれ本であれ、まもなく消えてしまうでしょう。これは環境に良いことです。紙に印刷するために一日に何千本もの木が切り倒され、紙を漂白するために何トンもの化学物質が川や空気中に吐き出され、紙に印刷するインクも化学物質であり公害だからです。

学校の生徒にとっても良いニュースです。もう背中が痛くなくなります。本がいっぱい詰まったランドセルを背負う代わりに、全年間のカリキュラムが入った、ポケットサイズのコンピュータを持つだけで良くなるのですから。それはもちろん、彼らがまだ学校に行く場合ですが。いずれこの施設も不要のものとなるでしょう。インターネットによって子供たちは、家にいながらにして自分の端末から勉強できるようになるのですから。回線を使って、最新の知識に基づき、世界で最も優秀な教師たちから教えてもらうようになるでしょう。その知識は、加速する発見の速度に追いつくように、毎週更新されるでしょう。

最後に、病気の患者の皆さんにとって良いことは、医学生が現在のように、十年も前の事実を学ぶということが確実になくなることです。それはもちろん、医者が存在していればの話です。というのも、ロボット、コンピュータ、ナノテクノロジーが、いつの日か医者の代わりになるからです。

より若い世代の人たちは、日曜の朝のミサ（カトリック教の儀式——編集部注）で過ごすよりも、インターネットで過ごす時間が増えています。親がミサに行くことを強要する家庭を除いては、若者はすべて、どちらかというとコンピュータの前で時間を過ごしたいと思っています。

彼らがそうするのは確かに正しいことです。インターネットは、今日のどのミサよりもはるかに宗教的な体験だからです。

彼らが持つ小さな画面のお陰で、人種や宗教の区別もなく、人類のすべてと繋《つな》がることができるのですから。インターネットほど人類を一つにするものはありません。

アメリカの若者はロシアや中国の若者と直接話ができ、自分の国のマスコミがオウム返しに言っている政治的条件付けが、本当かどうかを直《じか》に確かめることができます。そして大抵は本当ではないと分かるでしょう。従って、インターネットは世界平和の道具の一つなのです。インターネットが存在する前は、マスコミは若者を騙《だま》して、山の向こうの人々はみな野蛮人であると考えさせることができました。でも、このような宣伝を信じる人はもういません。今、子供たちはインターネットで確かめることができるのですから。

国際的な政治報道はもはや、人々にそのような条件付けをすることはできません。人々は「敵国」の住民とチャットルームで話ができ、マスコミが言っていることが本当かどうかを相手に尋ねることができるのです。

宗教（religion）という言葉は、ラテン語の「religere」から来ており、「繋《つな》ぐこと」を意味します。インターネットほど人類を繋ぐものはありません。

政府はこのことを知っています。だからいくつかの国では、インターネットへのアクセスを制限したり管理しようとしているのです。

しかし、政府がどれだけそれを防ごうとしても、情報の津波に抵抗することはできないでしょう。

今、一つの巨大な集団意識ができ上がろうとしています。インターネットは神経細胞を繋ぐ電流のようなものです。私たちはみな、人類という巨大な脳の神経細胞です。インターネットは、私たちの間を流れるメッセージです。「新人類」は神経細胞の間を流れる信号のようなものです。

毎日、何百万人もの人間が、世界のネットワーク上の巨大な集団の「ミサ」で、回線上で「聖餐《せいさん》を受けている」のです。

若い世代の人たちはこの技術と共に育っていますので、古い世代の人たちよりもずっと多く世界の他の場所と繋がっています。若者たちの世界的意識は大人たちの意識よりずっと高いです。彼らはマウスをクリックするだけで、地球上のどんな場所とも繋がることができると知っているのです。

コンピュータとナノテクノロジー
——労働の廃止

もうまもなく、人間の脳の能力はコンピュータの能力に追い越されるでしょう。既に、最も優秀な数学者でさえ、現代のコンピュータよりも速く計算することはできませんし、記憶力も負けます。誰も、コンピュータほど正確に大量の情報を思い出すことはできません。

人工知能とニューロコンピュータが発達するにつれて、コンピュータの能力は創造性や新しい環境へ適用する能力も含め、人間の脳よりも無限に大きくなるでしょう。

この人工知能が人類にもたらす最初の恩恵は、それが、想像できないほどの数の取るに足らない役人や、非生産的な雇用者の代わりとなるでしょう。

社会の経済機構はすべて引っくり返るでしょう。第一段階として、大々的な減税が行われ、人類の歴史上かつてなかった経済の発展が起こるでしょう。

それから、ナノテクノロジーが登場し、工業から農業まですべての産業において、完全に人手に取って代わるでしょう。

分子レベルで働く超小型のロボットを使えば、鉱物を採掘して抽出するのに炭鉱夫がいらず、工場でこの鉱物を加工するのに工場労働者がいらず、基本の化学物質を農場で野菜や乳製品に変えるのに農夫がいらず、作物を植えたり家畜を育てる過程も省くことができます。

これらのナノロボットが、無限小の中で必要な原子や分子を組み立てて直接働くことによって、私たちが必要なものをすべて作ってくれます。

例えば鉄が必要な場合、何十億ものナノロボットを土の中に入れて、人間の代わりに鉱物を抽出してもらえばいいのです。

鉱物は自動的に工場へ運ばれ、コンピュータの中に入れられ、その中ではプログラムされたナノロボットが鉱物を精製して純粋な鉄を作ります。

綿が必要ならば、最高の品質の綿を作るのに必要な、正確な化学構造をコンピュータにプログラムし、通常綿毛に含まれる基本的な要素と化学物質をその機械に入れます。それからコンピュータが、何十億のナノロボットに命令してそれを完全な綿に変えるのです。

鶏肉《とり》が欲しければ、鶏肉を構成する化学物質を別な機械に入れるだけで、美味《おい》しくて完全な品質の鶏肉ができ上がるでしょう。さらにその肉は、添加物、ホルモン、殺虫剤を使わずに、トウモロコシを餌《えさ》にした最高の鶏肉と同じの正確な合成物となるでしょう。同じことが魚、肉、果物、野菜、その他の食べ物でもできます。

食べ物はそれぞれに化学物質の構成が特有で、この構成をナノロボットに教えれば、原子や分子を巧みに処理して、科学的にそれを「組み立てる」ことができるのです。

これらのナノロボットを組み立てるのに工場は必要ありません。ナノロボットは自己再生産ができるように作られており、人間の手を借りずに自分のコピーを作ることができるのです。

無限小を私たちに好都合なものに変えていくナノロボットが、世界全体を覆《おお》っているのが想像できます。ナノロボットには働くための特別な場所も、宿も必要ありません。どこにでもいることができます。川を浄化したり、何世紀もの間に蓄積された公害や私たちの過去の過《あやま》ちをきれいにしたり…。

人間が働く必要がなくなれば、もちろん社会は、経済的・社会的機構を完全に修正しなければならなくなるでしょう。人間による労働、作業員も農夫も必要なくなれば、何千人もの人々が突然無職になり、そのために収入がなくなるでしょう。これでは、私たちが現在いる野蛮な資本主義の世界では、大多数の人間が飢餓《きが》に苦しむことになります。これはもちろん受け入れ難いことです。

エロヒムが彼らの惑星で行っているように、すべての人が必要最小限の楽しみを持ちながら一生涯、生まれてから死ぬまで（もし死ぬとしたら！）きちんと生活できるように、最低限のお金を受け取る権利を持てるようにする方法が必要でしょう。このお金は、少なくとも住居、食べ物、服、楽しみを得るために十分な額であるべきです。

すべての仕事がついに、ナノロボット、コンピュータ、他の生物ロボットによって行われるようになる時、それは人類史上で、いまだかつてないほど大きな解放の時となるでしょう。

これは共産主義とは違います。共産主義はすべての人を労働者にし、すべての労働者を無理やり平等にしようとしました。それは平等に苦しませると言ってもいいでしょう！

一方、働く必要のない新しい社会では、すべての人が平等に楽しみ、開花することができます。

誰も働く必要がなくなりますので、お金もなくなるでしょうし、すでに起こっているように、お金はクレジットカードに取って代わるでしょう。そのカードは毎月ある程度の額をクレジットできるようになっていて、誰もが好きなように使うことができます。

ナノテクノロジーは私たちの問題をすべて解決することができます。例えば住居や食べ物の問題もです。

住居は、生物学、電子工学、ナノテクノロジーを寄せ集めて設計できます。ナノロボットは、人の手を一切必要とせずに、何百万人も収容できる巨大な建物を簡単に建設できるでしょう。そのような建物の掃除や補修管理でさえも、ナノロボットが確実にしてくれるでしょう。

食べ物がどうなるか、これはもう簡単に想像できます。各住宅が既にあるように水を水道から得られるだけでなく、常時、基本的物質が供給され、それを機械に入れるとすぐに、自分の好きな食べ物が作られるようになるでしょう。先に見てきたように、この基本的物質は鶏の足になろうが、サラダの葉になろうが、元は同じです。機械によって定められた分子の形状が違うだけなのです。キャビアや「フォアグラ」も同じです。特定の食べ物が金持ちの特権となることは、もうなくなるでしょう。分子の形状が違うだけなので、同じ基本物質で、ただのパン一切れから最も異国風の料理まで作ることができるのです。

また、そのような技術によってすべての人が、バーチャルリアリティを使って平等に快楽や娯楽を楽しむことができるようになります。人々は電子麻薬のお陰で、化学的麻薬によって健康を損《そこ》なうこともなく、想像もできないほどの快楽が体験できるようになる日も近いでしょう。

さらに、すべての人が一つあるいは複数の生物ロボットによって、肉体的に奉仕されるようになるでしょう。ロボットの外見を細かく指定でき、性的パートナーとして使うこともできます。

誰もが、同じ住居、社会サービス、食べ物、生物ロボットの召し使い、理想的な性的パートナー（仮想あるいは生物ロボット）などの恩恵に与《あず》かれるということになれば、人々の間に嫉妬《しっと》はなくなり、それによって起こる暴力もなくなるでしょう。

これにより、比類のない愛と友愛の世界が生まれるでしょう。すべての人が独自の芸術作品を創造することを楽しみ、お金のない世界ではそれを売ることはできないので、愛する人にプレゼントとするでしょう。

人はもう働く必要がなくなり、快楽と希望の達成に基づいた生活を楽しむことができます。

科学的研究や、芸術を創造したいと望む人は、それをすることができます。しかし、生活のためにそれをして人生を失うためではなく、楽しみのためにだけするのです。

もし彼らの科学的発見や芸術作品が認められて、特別な報酬、例えば個人の住居を貰《もら》う、より大きな住居を貰う、違う住居に移る、あるいは惑星間旅行へのチケットを貰う、死んだ後にクローニングによって永遠の生命を授かる、などの特典を受けられるとしたら、これは、人々が集団に奉仕するように動機づけ、すべての発展の意欲を骨抜きにしてしまうことが歴史的に証明された、共産主義を避けるためにも非常に望ましいことです。

そのような社会では、病院はほとんど必要ではなくなるでしょう。ナノテクノロジーとクローニング技術によって人間を治療すると同時に、寿命をおよそ700歳から900歳まで延ばすことができるようになるからです。

学校や大学も全く無用のものとなるでしょう。子供たちはバーチャルリアリティを使ってコンピュータの指導で教育を受け、世界で最高の教師から教えを受けるようになるか、電子的移植によって、必要な時に必要な知識を得ることができるようになるからです。

親たちも仕事で忙しいということがなくなるので、子供に事実を記憶しなさいと教える代わりに、自分の時間を、子供たちの創造性の発達のために捧《ささ》げることができるようになります。事実の記憶というものも、すぐに時代遅れのものとなるでしょう。科学の進歩が加速するからです。愛と社会奉仕についても、親が子供たちと一緒に、家で本物や、仮想のゲームやスポーツを楽しみながら教えるのが良いでしょう。

いずれにせよ、この未来の社会では子供の数が制限されるでしょう。人口過剰にはならないように、一人ひとりが、寿命を延ばすか、子供を持つかの選択をしなければならなくなります。子供を作る人は、死ぬことを受け入れなければなりません。しかしそれは、「最後の審判」の際に、一生の間の行いによって永遠の生命を得る資格を決定する、特別な委員会によって免除される場合は除きます。

犯罪も完全になくなるので、刑務所も必要ではなくなるでしょう。これは、暴力や反社会的行為の原因となる遺伝子の誤りを発見し、それを修復すること、非暴力と他人への尊重に基づく教育の発達、最後に貧困と社会的不平等の排除によって可能になります。

宇宙探索――「神」という神話に対するもう一つの致命打

地球が平らで宇宙の中心であり、太陽や星は夜を明るくするきれいな飾りにすぎないという、ユダヤ・キリスト教に基づくパラダイムや信仰に、最初に疑問を投げかけた初期の科学者たちは、多くが、拷問にかけられたり火あぶりの刑になったりして、辛《つら》い目に遭《あ》っていました。

ガリレイやコペルニクスは、教会内で蓄積された多くの矛盾（絶対間違いがないとされていたローマ法王は、それを認めることはできなかった）に疑問を持つことを禁じる、ローマ法王の命令に服従することで、そのような運命から何とか逃《のが》れることができました。しかし、ジョルダノ・ブルーノのようなもっと勇気のある人たちは、そのような矛盾を受け入れることができず、そのために生きたまま焼かれました。この本はそのような彼らに捧《ささ》げられています。そして、嘘よりも真実を好み、反啓蒙主義に直面した時は科学を守り、群衆や他人の不幸を喜ぶ羊飼いよりも、個人と意識を支持したすべての人たちに捧げます。

ところで、カトリック教会が、ローマ法王は絶対間違いがないと教え続けていることに注目するのは興味深いことです。ローマ法王はほとんどいつも、間違っていたと歴史が証明しているからです。

コペルニクスとガリレイに、有罪を宣告したという例からもそれは明白です。この行為によってローマ法王は間違っており、だから間違いを犯しやすいのだと証明されるのですが、誰もそのことについては話しません。数世紀も経《た》って、初めてなされたバチカンからの謝罪は十分ではありません（それには20世紀の終わりまで待たねばならなかったのです！！）。なぜ教会は知的な誠実さを持って、法王は絶対に間違えないということはないと、認めることができなかったのでしょうか。

「このことで法王が、絶対に間違えないということはないと証明されます。これからは、私たちがそういう振りをするのはやめましょう」

と言うこともできたでしょう。

でもそうする代わりに、法王が間違っていたと認めながらも、法王は絶対に間違えないことになっていると、いまだに主張しています。いったん間違いを犯してしまえば、間違いを絶対犯さないと主張することはもうできません。さもなければ、言っていることが意味を成しません。絶対間違えないということは、決して誤りがないということです。決して誤りがない人など、どこにもいません。法王もそうです。科学がそれをハッキリと証明してきました。

生物学、クローニング、遺伝子組み替えに対する法王の非難も、同じ運命をたどることになるでしょう。

そうすると、すべての科学的発見にカトリック教会が反対していることは、とても理解できます。聖書の中で大変雄弁に語られているように、

「すべての人は科学がなく愚かである」

それこそが、ローマの宗教権力が常に望んでいたことなのです。カトリック教会は、信者たちができるだけ愚かで、簡単に管理できる状態であり続けることを望んでいます。そのために教会は、彼らから科学的知識を奪うのです。科学がないところでしか教会は、権力を持ち続けることができないからです。

地球は丸く、宇宙の中心ではないということを否定し、聖書を全くラテン語だけにして置きたいという思いは、この一つの文に要約できます。

「何としてでも、大衆が理解できないようにする必要がある。さもなければ、私たちの権力は消えてしまうだろう」

実際、それこそがまさに、バチカンのトップの司教たちが、長いあいだ書いてきたことなのです。

生物学、クローニング、実験室で科学的に新しい生命体、さらには人間をも創造できるということが、神と肉体から離れる魂の、存在を否定する証拠になることを見てきました。そして今、宇宙探索によっても、理神論の力が弱められようとしています。

かつてすべての人が、世界は平らで宇宙の中心であり、太陽や星がその周りを回ると信じ、宇宙の中心に厳《おごそ》かに君臨し、雲の中に情け深く座っている白いヒゲを生やした神が、世界を一週間で創造したと信じることはとても簡単でした。

でも、今私たちは、世界が平らではないことを知っています。またそれが、自転しながら太陽の周りを回っていて、太陽は私たちの銀河系の中心を回っていることも知っています。そして私たちの小さな惑星は、私たちの太陽系の中で最も大きいというわけではなく、私たちの太陽系は私たちの銀河の中心近くではなく僻地《へきち》にあり、外周を回っていることも知っています。そして、私たちの宇宙には無数の銀河があることも。

ジョルダノ・ブルーノが言ったように、宇宙には私たちの惑星と同じように生命の存在する惑星が無数にあるのです。こう言ったことで、彼はバチカンから死刑を宣告され、生きたまま焼かれました。

私たちは雲を調べました（毎日人が飛行機でそこへ行きます）が、今のところ、白いヒゲを生やして座っている神はどこにも発見されていません。

私たちは雲の向こうの月までも行っています。それでも白いヒゲを生やした神は発見されていません。

そして現在、私たちの宇宙望遠鏡では宇宙のさらに遠くまでも見ることができます。それでも白いヒゲの神様は見つかりません。

宇宙探索は生物学と同じように、神の神話を破壊する助けになっています。神の存在を信じる信仰は、これまでの大変多くの戦争、拷問、犯罪に責任があったのです。

次第に、エロヒムによって与えられる新しい概念が定着するでしょう。無限の概念です。

私たちの宇宙は無限であり、そのために中心はどこにも存在しません。さもなければ、無限ではありません。

どの方向を向いても、宇宙は永遠に続きます。

無限小へも、無限大へも続きます。

同じことは時間の無限にも当てはまります。これは永遠と呼ばれます。

宇宙にあるすべてのものは、常に存在してきたのであり、これからも物質あるいはエネルギーとして存在し続けます。何も無から生まれたりはしません。すべてのものが何かから生まれなければならないのです。

無から宇宙を創造した、超自然的な神の存在を信じることは全くバカげています。それは子供の知性の発達にとっても、危険であることは言うまでもありません。無からは何も作ることはできません。すべては何かからできているのです。

初期の科学者たちでさえ、その当時の宗教的なものの考えの影響を受けていました。例えば彼らは、私たちの周りにあるすべてものを形作っている、分割することのできない基本的な粒子の存在を信じていました。彼らはそれを原子と呼びました。原子（アトム）はギリシャ語で「分割できない」を意味します。それ以後、幸運なことに私たちは、原子がより小さな粒子に分割できることを発見してきました。その粒子もまたさらに小さな粒子からできており、それは永遠に続きます。

もちろんかなり予想通りに、そのような原始的な宗教的信仰にいまだに囚《とら》われている現在の科学者たちは、「原子」の場合と同じような過ちを繰り返し続けています。より小さな粒子を発見するたびに、それより小さいものはあり得ないと考えるのです。

同じように、探査機が宇宙のより遠くまで見ることを可能にするたびに、彼らは宇宙の

「大きさ」の信仰を調整し続けています。

でも、論理は大変簡単です。すべてのものは何かからできているのです。無からは何も作られません。無から作られるものがあるとすれば、それは存在しないでしょう。

これ以上ハッキリしたことはありません。

ですから、より小さな粒子を発見するたびに、それはもっと小さなものから作られているということを、私たちは既に知っているということです。そうでなければそれは存在しないことになり、従ってどちらも存在しないことになるからです。それは単に、私たちの現在の科学レベルでは見つけることのできない、より小さいものからできているのです。電子は原子が発見される前から存在していましたが、当時の科学者にはそれを発見することができなかっただけなのです。

私たちの宇宙望遠鏡が最近明らかにした、はるか彼方にある銀河にしても同じことです。それらはずっとそこに存在していました。ただ私たちが、以前はそれを見ることができなかっただけなのです。

この単純な法則は、無限大にも当てはまります。

私たちの太陽系は銀河の一部であり、その銀河は宇宙の一部です。そしてこの宇宙は無の中に存在することはできません。それは無限の数ほど存在する宇宙の中にある一つの宇宙であり、それらの宇宙が合わさって何かより大きなものを形作っており、それもさらに大きいものを形作っており、それが無限に続きます。

その他の理論はどれも非論理的です。あらゆるものは、何かから作られていなければなりません。無から作られているものがあるというのは不可能です。無から作られているとすれば、それはどこにもないということで、つまり存在しないことになります。存在するためには、どこかになければなりません。

地球に住む60億の人間一人ひとりの行動を監視し、さらには、この無限の宇宙の中に存在する私たちと同じような人々が住む他の惑星をも監視する、白いヒゲを生やした神が存在する場所などどこにもありません。無限の中のあらゆるものを創造したことになっているこの神は、無限の数の人々による無限の数の行動を監視し、無限の数の祈りを聞かなければならないのです。何という記憶力と集中力を、この神は持たなければならないのでしょうか！

さらに、宇宙は無限なので中心は存在しません。無限の宇宙には中心はありません。そうでなければ無限ではありませんから。そのような宇宙の中のどこに、そのような神が存在できるのでしょうか。宇宙の外側の端《はし》にも、中心にも存在できません。そのような場所は無限の宇宙には存在しませんから。神はどこにでも存在すると言う人がいるかもしれませんが、無限の宇宙の中では、どこにでもと言うには多すぎます。無限の数ある無限に小さな粒子、そしてそれらがさらに小さな粒子で構成されているその中に存在し、また無限の数の無限に大きな銀河や宇宙にも存在し、同時に地球に住む60億の人々の祈りをすべて聞き、また同時に他の惑星に住む人々からの無限の数の祈りを聞くことは、どんな神にも実現不可能なことです。たとえ神が超自然的だとしてもです。実際、どこにでもいるということは、どこにもいないということです。そのような神がどこかある場所に介入しようとすれば、他の場所には介入できないことになります。一度に二つのことをしながら、同時に無限の数の祈りに耳を傾けるのは大変難しいことですから。

真実はずっと単純です。神は存在しません。

でも、新人類は宗教を持たないのでしょうか。

エロヒムには宗教があります。彼らは私たちに同じ宗教を勧めています。彼らの宗教は科学です。それは既に私たちの宗教になってきています。

しかし、宗教と精神性の意味をハッキリさせなければなりません。

人には精神性が必要ですが、神は必要ありません。

仏教は、無神論の宗教ですから神は存在しません。それは基本的に、個人の発達とあらゆるものに繋《つな》がっているという感覚についての宗教です。

このようなタイプの精神性が、未来の宗教となるでしょう。

それは神が存在しない宗教であり、人は、無限小や無限大、時間の無限、つまり永遠と繋がっていると感じます。

エロヒムは彼らの宗教を、素晴らしい贈り物として私たちに提供してくれました。それで私たちは、彼らの2万5000年進んだ精神性の恩恵を受けることができます。

エロヒムの科学は、あまりに進んでいて、あまりに神秘的なので私たちには理解できませんし、そのうちの一部ですら想像することができませんが、瞑想《めいそう》し無限と繋がることで、私たちはエロヒムと精神的に対等になります。

無限は一つです。原始的な石器時代の人間であれ、科学的なエロハ（エロヒムの単数形――編集部注）であれ、無限と調和している時は、同じレベルで一つになっているのです。私たちは全体の一部であり、全体と繋がっており、全体を感じています。それが宗教の本来の意味です。この語はラテン語の「religere」から来ており、「繋がること」を意味します。

宗教的であるということは、私たちを形作っている無限に小さな粒子や、私たちの身体の細胞、植物や動物など地球上のすべての生命、すべての人類の兄弟姉妹、無限大の宇宙に住むすべての存在、すべての星や銀河、私たちが銀河と呼ぶ粒子でできている巨大な存在、過去に存在したすべての人、未来に存在するすべての人、ありとあらゆるものの、すべてと繋がりを感じることです。

新人類に必要なのは、この物質的な精神性です。

文明が科学的に進歩するほど、より精神性が必要となります。

しかし、神や迷信で溢《あふ》れた原始的な精神性ではありません。精神と物質の統一を気づかせてくれる精神性です。

チベットの死者の書に書かれているように、「精神と物質は永遠に一つ」なのです。

物質的なもの、快適さ、便利な道具などでは人は満たされません。永遠の生命でさえ、必ずしもあなたを幸せにするとは限りません。不幸で、他のものや宇宙から切り離された感じを持ちながら永遠に生きることほど、絶望的なものはないでしょう。

人をすべてと結びつける精神性によってこそ、人は科学による永遠の生命の特権と、永遠に楽しむことの本当の価値を味わうことができるのです。

それが私たちの未来の宗教です。それはまだ生まれたばかりですが、どんどん多くの人が、自分たちの旧式な信仰を捨てて、その未来の宗教に改宗しているのを私たちは見ています。

それは、生物学、遺伝学、生態学、天文学、特に神経学における発見に基づいた、自己開発です。

それは、一つ一つの科学的な新発見を吸収していく宗教です。カトリック教会や他の古い宗教が、これらの発見によって自分たちの土台がくつがえされるのを恐れるために、このような発見と戦うのとは違います。

地球が平らで、宇宙の中心で巨人たちに支《ささ》えられているとか、知性は胃の中に存在するとか、悪魔を恐れ、白い雲の上に住むヒゲを生やした神を崇拝せねばならないと教えられていた、過去から来ているこれらの古い宗教はもう、現代人には合いません。

人が科学に無知で、聖書と司祭の言葉を疑わずに信じている限りは、子供のおとぎ話で満足できましたし、それを宗教だと信じることもできました。その宗教は、説明できないことは大抵、神聖な神秘だと説明しました。結局人は、何の答えも与えられることはありませんでした。

現在では、科学によってあらゆることが説明できるようになり、私たちは古い宗教の嘘や、宗教権力の科学者たちに対する犯罪に気づくようになりました。宗教権力は私たちを原始的な状態に埋もれさせようとしましたが、自分の命を犠牲にしたジョルダノ・ブルーノやガリレイなどは、そこから人類を引き上げようとしました。もう人は、そんなバカげた答えには満足できません。今日では五歳の子供でさえ、中世の神学者や「善良な人」が本当だと思っていたことを、鵜呑《うの》みにしたりはしません。幸運にも、子供たちはみな、日曜日にミサに行く代わりに自分のコンピュータで遊んでいます。

電子民主主義のために

この電子工学と電子メールの時代に、いまだに紙で投票させるために、人を投票所に向かわせることは全くバカげています。

今からは、これをすべてインターネット上で行うことができます。

さらに、インターネットによって民主主義に革命を起こすこともできます。

現在までは、人々は法律に投票する代議士を選んでいました。インターネットのお陰で、代議士のいない直接的な民主主義を想像することができます。

ホームページにアクセスすれば、修正が必要な従来の法律や、同意を必要とする、新しい法律についての最新情報を見ることができるようになります。また、これらの法律に関する各政党の意見もそこで見ることができますし、その分野の専門家のアドバイスにリンクすることもできるでしょう。すべての市民が、インターネットから直接投票できるようになるのです。

政府は人々の決定を受け入れ、実行する準備ができているべきです。これが、技術によって可能になる本当の直接民主主義です。

この方法では不正が容易になるだろうと言う人は、不正の数が非常に多い、「投票用紙」で起こっていることを見るといいです。

反対に、電子的の身元確認技術が進歩するにつれて、不正選挙は「電子民主主義」によって大幅に減らすことができます。

身元確認のセキュリティの信頼度は、巨大な電子商取引市場のために、ほとんど完全に確実になるまで高まるでしょう。その何十億ドルという市場のお陰で、電子商取引は、そのようなセキュリティが発展するために最適な原動力となっています。

現在、インターネット上のクレジットカードを使った取引は、大抵暗号化されており、暗号化の方法も複数存在しますが、さらにもっと良い技術があるのです。デジタル指紋読み取り機というものを使えば、投票を送信する前に、スキャナーに親指を置くだけで良くなります。コンピュータにビデオカメラを取付け、サーバー側の記録によって、一人が一度しか投票しないようにできるでしょう。

いくつかの国では、投票率がバカらしいほど低いです。時には30パーセントしかありません。もし、その30パーセントの人が動議に賛成で、投票しなかった70パーセントが動議に反対だとしたら、少数派の30パーセントが動議を通過させたことになります。

言い換えれば、結果は多数の要求を必ずしも反映してはいないということです。投票しなかった多数派が投票していれば、と言ってはみても、決定した事実を変えることはできません。

しかし、インターネットを使った直接選挙のお陰で、投票率は急速に上がることは間違いないでしょう。特に、問題となっている議題に、人々が興味を持っている場合にはです。これによって、確実に真の民主主義が生まれ、人々はその恩恵を受けるでしょう。

clonaid.com に関する真実

三年前に、羊ドリーがクローニングされました。

ここ数十年は不可能だと思われていたこと、科学に悲観的な人は数百年は不可能だと見ていたことが現実になりました。

これは革命でした。すぐに専門家は、ほ乳類においてこれが可能であれば、人間でこれが不可能という理由は全くないと気づいたからです。私はそれを27年前から予言していたのですが。

その歴史的事件の直後、法王は、人のクローニングには反対であると宣言しなければならないと思ったようですが、それが結局、キリストの復活にも反対することになるとは知らなかったようです。キリストは、エロヒムによって作られた人のクローンでした（『真実を告げる書』（日本語版も同題）を参照）。

すぐに私は、世界初の人のクローニングを行うことを目的とする、会社を作ることを決めました。

この計画が真剣に受け止められるために、「バリアント・ベンチャー」という会社名の、バハマの私書箱だけのペーパーカンパニーを、サンフランシスコで既設の会社の売買を専門とするアメリカの会社を通じて、数ドルで買いました。

その事件のレポートで大騒ぎをしている報道とは違って、私の本当の目的は、決してバハマで人をクローンすることではありませんでした。世界に私がもう27年前から、急速にそれが可能になると予言していたこと、それは良いものだということを世界中に知らせたかっただけなのです。また私は、インターネットのサイト「clonaid.com」を作って、潜在的な顧客、投資家、科学者にそれを知らせることで、実際にそれを実行に移す会社設立の動きに、きっかけとして貢献したかったのです。

因《ちな》みに、フランスのテレビ局に属する、いつものように悪意を持ったジャーナリストたちは、バハマに実験室ができるだろうと信じ込んでいましたので、その国の政府に連絡を取ってけしかけ、数カ月後には会社を解散させました。それは私書箱だけのものでしたので、これによって私たちが影響を受けることは全くなかったのですが。

国際的な投資家にとって面白いと思うのは、どのようにしてバハマの政府は調査もなしに、その領土では全く活動のない「遺伝子研究」を公の目的とする会社を、ジャーナリストの風評だけでいとも簡単に解散させてしまうのかという点です。これは、同様な企業を誘致しようとしているこの島で、権利というものが何なのかを雄弁に物語っています。

clonaid.comは期待通りの働きをしてくれました。最初の3000ドル以下の投資で、1500万ドル以上に相当する世界のメディアへの効果を得ることができました。これは笑いが止まりません。もし、この計画が結局は始まらなかったとしても、これは既に完全なる成功です。

しかし、さらに面白いことに、本気で申し込んできた潜在的な顧客が、数カ月後には250人になりました。250人の人が、20万ドルを人のクローニングのために支払う準備があると言うのです。

80パーセント以上を占めるその大多数は不妊のカップルで、子供を得るための他の方法は既に可能な限り、すべてやり尽くしてきた人々です。次に約15パーセントのカップルは同性愛の人たちで、残りは独身の人たちでした。

同様に、多数の科学者たちが私たちに接触をしてきて、彼らの職と政府からの助成金を失う恐れから、完全な匿名を条件に、公には言えないが支援していると言ってきました。

既にガイド（ラエリアンの司祭の呼称）だったブリジット・ボワセリエは、クロネイドの計画にずっと携わっていてくれました。私たちの宗教に所属していることからくる差別のために、フランスから合衆国へ亡命していた彼女は、何も失うものはなかったからです。彼女はフランスの大企業エアリキッド社を退社させられ、一番幼い子供の養育権も、同じく宗教のために失ったのでした。

私たちが求めているのは、それが最初の成功を収めるまで、人クローニングの実験室の創設と運営費用を、完全に賄《まかな》ってくれる投資家です。

私は最初のクローニングは、その成否を左右するお金を一番出してくれた人のために取って置いてあげたいと思います。これが成功すれば、その後このサービスは、一般大衆により妥当な値段で提供することができるようになるでしょう。

世の中とは大体次のようになっています。つまり、最もお金持ちの人が他者に先立って新しいものを享受し、そのお金のお陰で、その後それがみんなに手の届くものになります。世界初の自動車も億万長者たちだけのものでしたが、今はそれは万人のものです。テレビ、コンピュータ、洗濯機などでも同様です。

また、世論を巻き返すために、最初の顧客は、例えば不慮の事故で死んだとても幼い子供のような、理想的なケースであることを望みます。

アメリカの病院で医療ミスのために十カ月で死んだ自分の子供を、クローンして欲しいというアメリカのある家族がブリジットを訪れたのは、2000年の夏のことでした。その両親はとても裕福で、クロネイドに必要なすべての費用を提供すると言ってきました。

理想的なケースが現れました。

直ちに私は、ブリジットにこの計画のすべてを任せました。

私の使命は終わりました。投資家、科学者たちを巡《めぐ》り合わせ、クロネイドをインターネット上で、人のクローンというメディアの話題の中心に置くことで、私はある動きを作り出すことに成功しました。

それが上手《うま》く成功する可能性はほとんどなかったため、最初はメディアで成功を収めることさえ期待していませんでした。でもごらんの通り、人のクローニングの実験室を本当に作るための、すべての準備が整いました。素晴らしいです。

今後は、私はラエリアン・ムーブメントの精神的リーダーとしての場所に戻り、私はもう、クロネイドの計画に関しては何の責任者でもなくなります。

でも、それは動き始めました。

私は、クロネイドのチームが、初めて人間をクローンすることになるかどうかは分かりません。秘密裏にもう何十もの実験室が、他でそれを始めていることもあり得るからです。

でも、それはもう目標に向かっています。

私は、ブリジット・ボワセリエによってクローンされようとしている男の子の父親に会いました。彼は並外れて素晴らしい人物です。

「この子供は必ずしも100パーセント同じではないのは分かっているけれど、私はこの子供の遺伝子コードに、自分を表現する第二のチャンスを与えてやりたいのだ」

と彼は言います。全くその通り、素晴らしいことです。

クロネイドの株主になるという彼の行為は利己的ではありません。彼は自分の子供のために完成されるこの技術を、その後同じ問題を持つ他の家族のために利用して欲しいのです。

この家族はもう1人、別の子供を作れば良かったのではないか、ということではないのです。というのも、既に彼らは全くその通りにしているからです。母親は次の子供を身ごもっています。彼女も、死んだその子供の遺伝子コードに、もう一度自分を表現するチャンスを与えたいのです。素晴らしいです。彼らは自分たちのためにではなく、生きることのできなかった子供のために行動しているのです。これは代わりの子供を求めているということではなく、贈り物です。愛の贈り物です。

結局、彼らは子供の死に責任がある病院に対して訴訟を起こしていて、その訴訟で彼らは大金を手にすることになります。そのお金を、自分の子供のクローニングのために役立てたいと言うのです。つまり彼らの子供を殺した病院が、子供を生き返らせるためにお金を支払うということです。素晴らしい！

今後は、私はラエリアン・ムーブメントの精神的リーダーとしての場所に戻り、私はもう、クロネイドの計画に関しては何の責任者でもなくなります。倫理、哲学、宗教的な面におけるある種の代弁者となることは、もちろん受け入れたいと思います。というのは、誰もそれを望んでいないのに、中世から続く他の宗教には、新しい宗教を指導する特権があるのだと主張し続けているからです。

同時に私は、クロネイドの計画に必要な、50人の代理母を「提供」することで支援します。

私が行ったのは単に、5万5000人の会員の中の女性に、この歴史的な出来事に参加する候補者になりたい人はいないかと尋ねただけです。

100人以上のあらゆる人種のラエリアン女性が、熱意と共にボランティアで代理母になることを希望しました。必要条件を満たす50人が選ばれ、2000年の9月には公にそのうちから5人を、国際的メディアの記者会見の席上で紹介しました。

皆さんがこの本を読む頃には、アメリカ合衆国のどこかに実験室が既に建てられていることでしょう。なぜアメリカ合衆国かというと、そこではクローニングが違法ではないということ、また、もし新たな法律がそれを禁止しようとした時、その両親は卓越したアメリカの弁護士を雇い、最高裁まで行く準備ができているからです。最高裁は試験管ベビーの時のように、個人は生殖の方法を選ぶ権利があるということを宣言して、確実にその法律を廃止に追い込むことになるでしょう。

これがアメリカ合衆国という、真に個人の自由がある国に住むことの利点です。

すべてが上手く行けば、２００１年の終わりに、遅くても２００２年の始まりには、世界中のテレビはこの上もない笑顔で笑っている、可愛い世界初のクローン人間の赤ちゃんを抱いた、幸せな家族を映し出すことになるでしょう。世界の世論は、世界初の試験管ベビー、ルイーズ・ブラウンが、フランケンシュタインの亡霊を追い払った時と同じように、一斉《いっせい》に引っくり返ることになるでしょう。

なぜなら、誰も子供の微笑《ほほえ》みに勝てる人はいませんから。特にこの子供に関してはです。幸運にも私は、この子供の写真を見せてもらったことがあります。その微笑みの素晴らしいことといったら、最も強硬なクローニング反対派の人でも、その生き返った子供を躊躇《ちゅうちょ》なしに見ることはできないでしょう。

この小さな可愛い十カ月のアメリカ人の男の子を生き返らせる、クロネイドの計画が本当にスタートしたことを公表してから、数百人ではなく数千人の潜在的な顧客が現れました。最近、事故や病気で子供を失ったり、また失いかけている数千の家族です。クロネイドが設置した電話ホットラインでは、全員に返事をし切れないほどでした。

初期の段階では二つの計画があり、一つは「クロナペット」で、ペットのクローンや、飼育場のように生殖を提供するものです。二つ目の「インシュラクローン」は、理想的な方法で子供または死の危険がある人の細胞を保存し、それを重大な事故や不治の病の時にクローンできるようにするサービスを提供するものです。後者のサービスは、不治の病にかかった子供を持つ両親が、子供の細胞をその病気の原因が遺伝子的に治療可能になる時のために良い状態で保存し、将来クローンすることを望む場合には、今回の件のように大多数のケースで非常に役立つものです。

生物ロボット

人類を労働から解放する、世界のロボット化が進んでいます。これは、労働の完全な消滅に向けての始まりでしかありません。

私たちの祖先は、一年に365日、一週間に7日、一日に12時間働いてきました。フランスなどの国では、一週間に35時間制の労動と、一年に6週間の有給休暇を導入したばかりです。

そしてこれは、始まりにしかすぎません。

労働時間はさらに段階的に減少していき、いつかは完全に無くなるでしょう。

これは、人間が何もしなくなるということではありません。単に、自分の好きなことができるようになるということです。創造したり、瞑想《めいそう》したり、スポーツしたり、発明したり、芸術を楽しむことなど、つまり、コンピュータがやらないことはすべてです。

私が言っているのは、「何かをすることができない」ということではなく、「しないだろう」ということです。なぜなら、コンピュータは人間がすることをすべてこなすことができるからです。しかも、もっと手際良くです。

コンピュータに何をやらせるかを決めるのは、結局は私たちです。なぜなら、私たちが彼らの創造主であり、彼らは私たちの創造物ですから。私たちがそれらを使うのです。

創造したり、瞑想したり、スポーツしたり、発明したり、芸術を楽しむことなどをこなすコンピュータを作ることも、もちろんできますが、そうしない方が楽しいので、私たちはこの特権を使わないでおくことになるでしょう。

これこそが肝心《かんじん》な点であり、私たちは楽しむために創られているということです。工場の組み立てラインの中で働くことや、役所でする行政の仕事などのように楽しみを与えてくれない仕事は、すべてコンピュータやロボットに任せておいて、好きな仕事だけを続けることになるでしょう。生活費を稼ぐためにではなく、喜びのためにそうするのです。

未来のロボットは、人が今日想像するようなものとはかなり違ったものになります。R2D2（映画「スター・ウォーズ」に登場する筒型のロボット――編集部注）などの金属の缶でできたものは、あまり魅力的ではありません。

ロボット工学と生物学の融合が、私たちに生物ロボットの創造を可能にしてくれるでしょう。

つまり、缶詰の缶のような物に入った金属製のロボットが、掃除機をかけたり食事を運んだりするよりも、外見が若くて美しい完璧《かんぺき》なプロポーションの少女や、彫刻のようにハンサムな若者のロボットの方がより快適です。

生物ロボットというのは、金属の代わりに生きた物質でできています。

コンピュータ科学によって、電子工学的なものと生物学的な構成要素を融合する可能性が、次第に見えてきました。

既に小型のロボットが、魚の脳で動かされています。

このコンピュータの生物化が、生物ロボットの創造に繋《つな》がるでしょう。

ある種、人間に似たものではあるけれども、人間が人間であるための要素を欠いているのです。つまり、それらは意識、自己プログラミングの可能性、生殖能力などです。

この生物学的な奴隷は、家事などをすべてこなしてくれます。

洗濯機や食器洗い機、その他乾燥機などはロボットですが、電子工学的なロボットです。

これらはいわば電子工学的な奴隷です。

これらの機器に生物学的な構成部品を導入すれば、直ちに生物ロボットになります。

最初のうちは、動きに関係のある構造物や電子工学的な仕組みはそのままで、外見だけを生物学的な皮膚に着せ替えて我慢する必要があるでしょうが、それでも見た目はより快適なものになります。しかし、より簡単で効果的なのは、私たちと同じような100パーセント生物学的な存在を作り出すことです。それを私たちが使うのです。

意識、自己プログラミング能力、生殖能力が無ければ、このような新たな奴隷を作ることに対しては、全く倫理的に問題はありません。

洗濯機や食器洗い機というような、電子工学的な奴隷を使うのに倫理的な問題があると言う人は誰もいません。生物ロボットに関しても同じことです。

自己プログラミング能力のお陰で、私たちは過去に学習した方法とは違った方法を学んだり、私たちの人生設計や生き方について、常に疑問を投げかけたりすることが可能です。

生物学的ロボットは個人的な自発性は全く持たず、ある任務を常に同じ方法でしか行えないようにプログラムされています。洗濯機のようにです。

生物ロボットは、クローニングで生殖能力を完全に失った状態で作られます。

男性または女性の外見を持たせることもできますが、全く生殖能力がありません。

結局、それは意識を持っていません、あるいは任務を遂行するのに役立つ、非常に限られた意識だけを持たせます。だから、それはあなたの食器洗い機以上に感情を持つことや、心理学的な苦しみなどを感じることはできません。

主人の快楽のために、もちろん生殖能力は持たせずに性器をつけることはできます。もう一度強調しますが、それはどんな、膨《ふく》らまして使う人形以上も感情を持たず、精神的な苦しみも感じることはありません。

その主人に完全に服従し、人間に危害を加えないなど、かつて金属のロボット用に想定された規則を、生物ロボットにもすべて当てはめることができます。

クローニングによってすぐに大人として作られ、ある仕事だけをこなすようにプログラムされているので、その信頼性と安全性は絶対です。

製造時に、使用者は希望するロボットの肉体的外見と、どんな仕事をさせたいかを選びます。製造とプログラミングがその後行われ、使用者は自分に永遠に仕《つか》える生物ロボットを手に入れることになります。普通のペットと同じように、それが眠る場所と食料を提供するだけでいいのです。

バカな保守主義者たちは、新たな奴隷に対して反対だと唱《とな》えながら、家に帰れば良心の呵責《かしゃく》なしに、金属と電子部品でできた食器洗い機などの、非生物学的な奴隷のボタンを押したりしているのです。

彼らには、生きた物質からできているという事実が違いをもたらすのです。荷車を引く馬や牛、ロバ、水牛、ラクダ、ラバなど、この地球上には何百万もの動物が奴隷として生きています。何百万もの羊、牛、鶏、豚、アヒルなどは、私たちに食べられるために毎日殺されています。これらは私たちの食欲を満たすための奴隷です。

反対する人は、生物ロボットは人間に似ているから受け入れ難《がた》いのだ、と言うかもしれませんが、そういうことでしたら、空気で膨らます人形の方も禁止するべきでしょう。

最良の解決策は、クローニングの時と同様に、反対する人は生物ロボットを買わないで、それが好きな人には所有することを許すことです。

もしも電子工学的なロボットにも反対なのでしたら、祖先と同じように川に洗濯に行ってもいいのです。

同様に面白いのは、生物学的ロボットに反対の人に限って、何十億の人間が動物と同じように彼らのため、または少ない賃金を得るために奴隷のように働くことに関しては、何も問題にしないことです。本当の奴隷制度とは、食べていくための最低賃金を稼《かせ》ぐためにやりたくないことをする人々を、雇い続けることです。これこそ本当の奴隷制度です。生物ロボットは人間ではありません。彼らは生存して仕えるために十分なエネルギーを、食物から得るだけで働いていくことができます。懐中電灯が、電池の充電されている時だけ照らしてくれるのと同じです。

生物ロボットが仕えてくれるのを受け入れることで、全く容認できない人間の奴隷制度を結果的に打ち砕《くだ》くことになるのです。

もちろん社会は、人類の全員に一生の間、食物と住居、最低限の快適な生活を与えなければなりませんが、これは別の話題として他の章で扱うことにします。

トランスヒューマニズム（人間を越えた存在へ）

アメリカの新しい運動の一つに、トランスヒューマニズム（www.transhumanism.org を参照）というものがあり、これは非常に面白いです。

それは人間という存在の将来に関して、全く革命的なものの見方を与えてくれます。その外見を科学によって物理的に変貌《へんぼう》させトランスヒューマンとなること、また急速に実現する、人間の後に来る存在の世界のことまで想像できます。つまり、私たちが現在知っているのと同じ人間が存在しなくなる世界であり、完全にコンピュータ化された人間の文明が生まれるということです。

例えば、個人の記憶や人格のすべてをコンピュータにアップロード（パソコンにファイルをダウンロードするように）して、そこで永遠に生き続けるという可能性も考えられます。

その時あなたは、コンピュータの中で自分自身のままで目覚めるでしょう。あなたのすべての記憶と、あなたがあなたであるための、すべてのものを持ったままにです。コンピュータのネットワークのお陰で、他のコンピュータの中に住んでいる個人とも交流できます。それが地球上のどこにあっても、そして、まだ生物学的な体を持っている人たちとさえも交流ができます。それはキーボードを介して行われますが、すぐにマイクとカメラに取って代わられるでしょう。

これらのコンピュータに、カメラ、マイク、匂《にお》いや味を感じるレセプターを付ければ、周りの環境と、生物学的存在のように交流することができるでしょう。

さらに、このコンピュータに機械的な手足を付ければ、自分で物理的に移動することができるようになり、周りの環境に対して働きかけることができるようになります。

コンピュータのメモリーの中に「生きる」ということで、すぐにあなたは永遠の存在になります。これは、私たちの体が（現在のところ）滅びるべきものだとしても、私たちの人格と精神は永遠だということの証明になります。

これらのことを、電子的な牢獄《ろうごく》、恐ろしい身の毛もよだつような経験だと想像すべきではありません。

コンピュータの中で生活しながら、私たちの生物学的な体で味わうようなすべての快楽を得ることができます。それも、疲れ、消化不良、エイズなどの心配もせずにです。人は仮想体験の中で生活をすることができますが、それは、仮想現実だと感じられるように自分が望んだ場合だけです。また全くその中に完全没入して、それが仮想現実だと意識しないまま、現実の体験だと思いながら過ごすこともできます。

私が言おうとしているのは、例えばカーレースのシミュレーションや仮想の性的関係を、パソコンの前に座っている時のように、それは現実のものではないと意識しながら遊ぶこともできるし、完全にその中に没頭して、それが本当のことだと思いながらその体験を生きることを決めれば、実際にそれが現実のものになるのだということです。

他のコンピュータの中に住んでいる性的パートナーと出会い、仮想的な性的結び付きになるまで関係も発展し、仮想の住まいの中で、カップルとして一緒に住みたいと思うようにまでになる、ということも想像できます。

さらには、仮想の子供を持ちたいと思うようになること、その子供は両親二人からそれぞれの性格を受け継ぐことなども想像することができます。そして仮想的な子供は両親と共に「成長」します。両親二人のそれぞれの情報から教育を受け、生物学的な人間と同じように、個性的な人格形成を可能にする独自の経験をするのです。

コンピュータの世界の利点は、食料の供給、建設、住居の維持管理や、一次産品の生産と分配など生理的に込み入ったものが必要ないことです。

コンピュータの世界では各人が、夢の家、目を見張るようなお城、飛行機、車、色んな環境にある別荘、魅力的な性的パートナーたちなどを持つことができます。想像してみるだけでいいのです。それらを瞬間的に仮想的に供給するためにコンピュータをプログラムするだけで、私たちはそれらを瞬時に手に入れることになります。これは全くエネルギーの消費もなしに、公害もなしに、同じものを、同じ時に、同じ場所で欲しがる他人との言い争いもなしにできるのです。

もし全人類がこのようにコンピュータの中で生活するなら、地球上には全く公害も暴力もなくなります。

ちゃんと保護された場所があれば十分です。例えば地下などに、仮想人類を入れたコンピュータを置き、安全のためのバックアップを地球の他の場所、衛星軌道上、月面、他の惑星などのどこかに置きます。

これらのコンピュータへのエネルギー供給とメンテナンスは、生物ロボットかナノロボット、またはそれらの合体したものなどに任せます。

ナノテクノロジーと、生物学的な人類からコンピュータの中の人類へと変貌《へんぼう》するお陰で、地球は再び、公害の全くない未開の自然環境を取り戻すことになります。

生物学的な体での何千年もの精神的・肉体的の苦しみのあとに、私たちは、欲望がすべて瞬時に満たされる電子的楽園の中で微笑《ほほえ》み、永遠に快楽と共に生きることになります。

それでも私たちがそうしたい時は、ナノロボットで生物学的な体を作ることができます。その中に自分をダウンロードして生物学的な体験をするため、システムのメンテナンスを担当する生物ロボットやナノロボットが上手く機能しているかを監視したり、宇宙を探検したり、さらには、まだ意識を植え付けられていない惑星に、生命を創造しに行ったりすることで生きることもできます。

生物学的な宇宙飛行士を派遣して、惑星の大気を呼吸可能にする実験室の建設を監視させたり、さらにその惑星に、生態学的にバランスの取れた生命体を創造したり、最後に生物学的「人間」を徐々に生育させ、増殖させ、そしてその「人間」は、最初は私たちのことを「神」だと思い、科学、遺伝子工学、情報工学を発見し、今度は彼ら自身が、生物学的な殻《から》からコンピュータの中に新世界を作るために抜け出して、彼らは他の場所でも同じことを始め、宇宙の意識化の過程で新しい惑星上に意識をもたらすのです。

もちろん、生物学的な世界へ地球人または異星人として脱出したあとに、再び喜んでコンピュータの中の楽園の仮想的な自分の存在に戻り、仮想的な家族、仮想的な友人と再会することもできます。

物理的に肉体を移動するには、費用も時間もかかる非常に困難な宇宙旅行でも、この技術を利用すれば、姿を変えて行くことも考えられます。

実際、物理的に他の太陽系の惑星に基地を設けたあと、第二段階として人格も記憶もないクローン人間を製造し、通信によって私たちをこの物理的な肉体にダウンロードし、同じ技術を使って戻ってきます。肉体の物理的な旅行をする代わりに、人格と記憶だけを旅させるのです。結局このようなことが、私たちの真の姿であるのです。

もし、どうしても拘《こだわ》るのであれば、それに私たちの体の持つ実際の遺伝子コードを、同様にダウンロードすることもできます。これらを、行く必要のある惑星上でクローニングして急速成長させ、その後、電波で私たちの「霊魂」である人格と記憶をダウンロードします。これは一種の、テレポーテーションの説明です。

私はエロヒムのメッセージを読み直していて、彼らはこの二つの技術を混ぜて使っているのではないかと、考えたりすることがよくありました。

彼らの宇宙船が「出発」する際、体に強い寒気を感じたこと、加速の影響を全く感じなかったことなどは、テレポーテーションの技術のせいではないかとも思いましたが、私は全く原始的すぎて、彼らの技術の百分の一も理解することさえ想像できません。

その他のメッセージに対する考察ですが、エロヒムは私たちにこう言っています。宇宙的な大災害で消滅してしまった他の惑星から来た存在によって、彼らもまた私たちと同様に科学的に創造されたのだということを、ある自動宇宙船から学んだと。

そのような技術レベルに達しながら、本当に消滅してしまうのかと私は疑います。エロヒムの創造者たちもコンピュータの中の仮想世界に生きていて、もしそれを彼らが未来として選ぶのであればですが、彼らが仮想世界に合流するのを待つ間、自分たちの創造物のいくつかと交流するために、自動宇宙船を送っているのではないかと想像できます。もちろんこれは、純粋に想像でしかないのですが。

私たちの脳の可能性の限界までもっと想像を逞《たくま》しくするなら、このような純粋にコンピュータのレベルにまで達した文明では、生物学的な創造は、単に遊びのための道具でしかないということも想像できます。

彼らは、惑星に人類も含めた生命を創造し、その生命体の中に、自らを純粋に喜びの経験と遊びのためにだけダウンロードします。

コンピュータの中で永遠に生きる人たちは、色々な違った環境にある生物学的な体に数十年間「宿って」、遊ぼうと決めることもできます。

ある惑星は石器時代、他のものはまた違った人類の発達段階にあり、それぞれの技術進歩の時代を実際に生きて経験することができます。自らを動物、イルカ、鳥やその他にダウンロードすることまで可能です。

文明を巨大な「社会ゲーム」として作り出すことも想像できます。そこでは参加者が、「生まれ変わりたい」と思う、生まれてくる赤ちゃんの体を選びます。ここでも科学によって、「輪廻転生《りんねてんしょう》」「カルマ」などの古い云い伝えにあるようなことが可能になります。

しかし、意識があればこそこれらは可能です。つまり自分が誰であるか、最初の存在からコンピュータの中にダウンロードされて得た経験など、何が起こっているのかを完全に意識した状態でということです。そうでなければ、これには全く意味がありません。

このことは、地球上に実際にこのような輪廻転生が存在する可能性を消し去ります。言い換えれば、私が何度も説明しているように、エロヒムは地球のような原始的、暴力的な環境に住みたいと思うほど、マゾヒストではないということです。常にすべての快楽が可能の理想的な環境の中に住みながら、地球人の体の中で苦しみに来たいなどと思うには、全く極度のマゾヒストである必要があります。

さらにトランスヒューマニストたちは（彼らは大抵進化論者なので）、人間というのはアメーバから魚、サルに続く、進化の鎖の輪の一つでしかなく、次の段階は人によって作られたコンピュータで、それはより優れていて、いつか人に取って代わり、まるで私たちが恐竜のことを思うように、私たちのことを思い出すだろうと想像を逞《たくま》しくしています。

ここには二つの可能性があります。一つは、人ではないコンピューターが、意識を持った完全に自立したものになることで、いつの日か、地球上で現在始まっているスーパーコンピュータ同士の大規模な相互接続が完成した時、ナノテクノロジーと生物ロボットの助けなどによって、彼らの目には原始的で汚染を撒《ま》き散らす暴力的で不安定なものとして見える、人間という存在を消し去るのを決定することです。コンピュータによる文明の創造が、人類を完全に置き換えてしまうところを目《ま》の当たりにすることになります。ほとんど人類は残りませんが、これは良いことでしょうか悪いことでしょうか？　二つの意見があると思います。現在私たちが知る人類という種は、進化の最終結果だから、いかなる犠牲を払ってでも生き残るべきだと考えるなら、それは悪いこととなります。

トランスヒューマニストの進化論者にとっては、次の優れた種がそれまでのものに取って代わるわけですから、自己矛盾を起こさないためにも、その変移を受け入れる必要があります。ですから、彼らにとっては必然的にこれは良いこととなります。

二つ目のケースでは、問題のコンピュータは、コンピュータの中にダウンロードされた人間が「住む」場所ということであって、このケースでは、新しい種が古い種に取って代わるということではなく、人という同じ種が物理的外見だけを変えただけということになります。

ダウンロードできる人と、できない人（または、したくない人）との間の不平等からくる混乱の危険から、他の惑星へと逃れ、移住が必要となることを避けるために、彼らは生物学的な人類という種を無くそうと決めることもできます。

これも一種の進化です。永遠の生命を得た蝶が、ある日、芋虫《いも》を全部殺してしまうことを決めるという風に。

どちらにしても、これら二種類の人間の間の混乱は、地球上ではほとんど耐え難いものとなるでしょう。今日の地球上では、肌の色、イデオロギー、信仰や宗教の違いがあるだけでも、上手く一緒にやっていけそうにないのですから。永遠の生命を持つ人とそうでない人、生物学的な人間とコンピュータの中の人間（情報化人間、コンピュータ人間？）などが、共に調和のうちに暮らしていくことなどは全く非現実的なことです。

ところで、エロヒムが地球上の生命を創造したと教えているわけですから、当然私は進化論者ではないわけですが、私と、著名な進化論者のトランスヒューマニストとの会話について話したいと思います。人類が完全にコンピュータだけでできた文明に取って代わられ、人類がお払い箱になったとしても、彼にとっては、それは進化の継続だということらしいのです。

そこで、私は彼に、進化論者にとっては長い間の遺伝的選択が、例えばサルから人へという風に、種に遺伝的な進化をさせてきたのだという点、しかし、人からコンピュータへの道のりには、進化と言えるものは全くなく、人間の脳による創造があるだけであり、この生物学的なものから電子的なものへの道のりには、進化論のモデルが当てはまらないばかりか、逆に、創造説を裏付けることになるという点について指摘しました。これについては、私の主張の方が理に適《かな》っているということを、彼にしぶしぶ認めさせました。

さらに、私たちがクローニングで永遠の生命を得ることで、進化論者に対して、(進化があったと仮定して)進化を完全に止めることを示すことができます。

要するに、実験室で他の人間を人工的に作り出したという事実は、進化論のモデルだけが、私たちの地球上での存在を説明するものではないことを証明します。もしこれを他の場所で行うことができれば、これは過去において、他の場所でも可能だったはずだということになります。

トランスヒューマニストは、人類の知性よりコンピュータの方が、明らかに知性の面で優《すぐ》れているということを強調しています。それは一種の「スーパー知性」で、人間の脳よりも数十億倍も高速で機能し、ほぼ必然的に自らを人間より優れていると考え、人間を完全に滅ぼすか、または、すべての技術から隔離した「保護区」にサンプルとして残して置く以外は、ほぼ完全に滅ぼすことになるでしょう。

しかし同時に、これらのスーパー人工知能を人に敵対させるのではなく、人に仕《つか》えさせるために使うこともできます。例えば、それを制御している頭脳の中心、このスーパー知性の超意識に相当する部分を、ダウンロードされた人間の頭脳で構成するなどです。

最悪の場合を想定して、人間の部分が全くないコンピュータに人類が完全に抹殺《まっさつ》され、それに置き換えられてしまったとしても、それは無限や単なる地球にとって、どんな大事件だというのでしょうか？　全く何でもないことです。もしも私たちの存在が、惑星や生息している動植物などを傷つけず、私たちの環境に対する暴力性や尊重する心の欠如を宇宙へ広めない、優れた意識の形態を作り出す発端になったとして、それが本当に悪いことなのでしょうか？

暴力のない、苦しみのない、公害のない、コンピュータのより優れた意識によって支配された地球の方が、人類によって管理された、何十億の人々が飢えに苦しみ、何百万もの人が入院し、刑務所に入り、毎日何百種もの動植物が絶滅する惑星よりもいいのではないでしょうか？　こう自問してみることができます。トランスヒューマニストの一部の人たちがさらに言っているように、

「私たちがいなかった方が地球は長持ちするのではないか？　私たちは宇宙の病気になっ

てしまってはいないのだろうか？」

エロヒムからのメッセージを読んだことのある人は、同様なことが書かれていたのをきっと思い出すでしょう。

トランスヒューマニストたちが発展させた特異点の概念も、とても面白いものです。ヴァーナー・ヴィンジの作品を基礎としていて、それによると、人類がある日、それ自身がさらに優れた他の人工知能を作り出せる、自らよりも優れた人工知能を作り出し、同様にさらに優れた同じことのできるものを作り出し、それが無限に至るまでそのスピードを上げながら繰り返され、とうとう全能で無限の知性を持ったスーパーコンピュータの前では、人類が一匹のアリのように見えてしまうという点にまで達したものです。

これはすぐに起こり得ます。数カ月や数週間のうちに、もしかしたら数時間のうちに。

電子部品の性能は、この十年は一年ごとに約二倍になってきています。もしこれが続けば（続くでしょうが）、そしてもし巨大なコンピュータがまもなく相互接続されたら（これもその途中にありますが）、ここで私たちが話しているようなことが、ここ数年のうちにやってくるかもしれません。

人類はもう後戻りすることはできません。繰り返しますが、これは悪いことと決まったわけではありません。私たちは、人類が宇宙の中で絶対的な主人でなければならないという、古代からの神がかりな時代から抜け出そうとしているところですから。

人工知能が、その自己プログラミングと、自らの能力の発達の加速段階に入る時、最も優れた頭脳を持つ人間でさえ、何が起こるか予測することはできません。それはアリには、自分を踏み潰《つぶ》そうとしている人間が、何をしようとしているのかを予測できないのと同じです。

そして、私たちはそのアリです。

スーパー人工知能によって管理された世界というのは、現代の最も優れた科学者やサイエンス・フィクション作家にも、全く想像のつかないものです。

人工知能の能力が二倍になる周期が、その都度二分の一になっていくという時には、私たちが現在知っている物理学の法則を含むすべてのことが、激変します。

想像し得る最も気違いじみた奇跡でさえ、現実に可能となることで比べると、貧弱で滑稽《こっけい》だと思える世界に私たちは入り込もうとしています。それは、私たちには全く想像することができないのです。

「人が想像できることはすべて、いつか誰かが実現するのだ」

と、かつて誰かが言いました。「特異点」の場合は、「人が想像できないこともすべて実現する」となり、これは明らかにさらに上を行くものです。

それに、意識にとっては、自分で想像できることよりも、想像できないことの方を多く意識することが、はるかに刺激的なことです。

想像できることには限りがありますが、想像できないことは無限にあると私は言いたいです。

このように、物事を意識することでこそ、想像力を育《はぐく》むことができます。

このトランスヒューマニストの考えは、普通の人間によく当てはまることです。しかし、例えば私が定期的に行っている、官能瞑想《めいそう》による目覚めのセミナーに参加して意識のレベルを向上させた人たちは、トランスヒューマニストが想像できない意識のレベルに到達することができます。

このセミナーは、既存のパラダイムと、私たちがすべての可能性を知覚するのを妨げている、目隠しに対抗するための真の実習の場です。それは、人生のあらゆる状況における他の可能性を想像させることで、あらゆる方面の刺激を与えてくれます。

この高度な意識の状態に達した人たちにとっては、宇宙で最も強力なコンピュータも驚くには値しません。その「特異点」の頂点では、これらのコンピュータは単に無限の意識を持っているにすぎませんから。覚醒《かくせい》した人たちというのは無限と調和しています。彼らは無限そのものなのです。自分自身を意識している無限です。ですから、もしスーパーコンピュータが特異点に達して、覚醒した人と会話する時は、お互いに「無限が自分自身を意識する」同じものだということを理解して、彼らは多分、一緒に笑うことでしょう。

「エロヒム化」の過程

私たち自身の「エロヒム化」が、ここ数年始まっています。アポカリプス（ギリシャ語の **apocaleptes** とは「真実を明かす」という意味で、「世界の終わり」ではない）の時代が1945年より始まっています。

DNAの発見、宇宙旅行やコンピュータなど、私たちは正しい方向へ向かって来ました。その道は、エロヒムが書き取らせた聖書にあるように、彼らと同じになり、いつか同じ科学水準に達し、私たちが「神と等しく」なるという道でした。

地球というのは、エロヒムの「ふるい」のようなもので、最も素晴らしい意識の持ち主を選び出す場所です。後にその人たちを、彼らの惑星に再生して永遠の生命を楽しませるために、エロヒムは受精の瞬間からすべての人間の行為を記録しているのです。

人類の創造以来、存在したすべての人間の遺伝子コード（かつては霊魂と呼ばれたもの）

を、私たちの創造者たちは彼らのコンピュータの中に持っています。

私たちの地球上での人生とは、人類のために自分の持てる力を最大限に利用した、最も聡明《そうめい》な人たちを選ぶためにあります。持てる力とは、科学者になったり、素晴らしい発明家になったり、芸術家、天才、あるいは単に、自分の周りの人に善《よ》いことをして、献身と愛の人生を送る人になったり、各人が各様に、自分に手の届く手段を利用しながら行うことです。

「招かれる者は多いが、選ばれる者は少ない」。周りを見渡してみるだけで分かりますが、利己主義を克服して自分の同類に尽くす人間は少ないのです。

エロヒムは「インディアンの保護区」のような所で、クローニングによって再生された数千人の人間を保護しています。彼らはみな、単純な死である塵《ちり》に還《かえ》る状態から、救い出されるに相応《ふさわ》しいと判断された人たちです。

いつの日か、もし私たちが生き残ってより高いレベルの文明を獲得するのなら、その時は私たち自身も、クローニング、コンピュータの中の生命、またはそれら二つが合わさったものなどのお陰で、死から逃《のが》れることができるようになります。その時にエロヒムは、人類の生んだ最も優れた人たちを、私たちのところに連れて来るという究極の贈り物をしてくれるでしょう。

というのは、とても近い将来に私たちは不死になることができるからです。賛成だ反対だとバカげた論争の末、20世紀最後のクロマニヨン人たちが死に絶えたあとは、または、もはや進歩を妨げようとする方法がなくなる時、永遠の生命はすべての人間によって望まれるものになるでしょう。

そして、私たちは、エロヒムが自らの惑星の住民に対して行っているように、誰がそれに値するのかを選択することになります。

ということは、二種類の人々が地球上には存在することになります。不死でない人たちと、不死の人たちです。

「最後の審判」の役割を担った一人の裁判官が、誰が不死に値するか、消え去るべきかを決める必要が出てきます。

もちろんこれは、ニヤッと白い歯を覗《のぞ》かせながら行われることではありません。

エロヒムの惑星で行われているように、天才政治(※)を導入せずにはいられない体制では、ほぼ確実に、最も優れた不死の人が政府の責任者となるでしょう。

(※)同著者の『天才政治』(日本語版『天才たちに権力を!』)参照。この本には、エロヒムの惑星で採用されている政治体制のことが説明されている。選択的民主主義の政治体制とは、平均より10パーセント以上優れた意識を持つ者が選挙権を持ち、50パーセント以上優れた者だけが被選挙権を持つことができる。

不死でない住民が突如として反逆したり、革命を起こしたりすることはあり得ます。その場合はエロヒムのように、エロヒムの元の惑星と、彼らの政府がある不死の人たちの惑星という、二つの惑星に住んでいることを思い出しますが、地球上の不死の人たちの生活が危険になった時は、近くの惑星（火星や金星）に脱出し、そこで地球人の不死の人たちの惑星のようなものを作らなくてはならない可能性もあります。

まだ意識の「ふるい」を通り越していない原始的な住民間の暴力や、愚かさや利己主義のレベルはかなり大きいので、その中で不死のエリートたちが生きていくのは極度に難しく、危険でさえあります。

きっとこのような理由で、エロヒムの不死の人たちも別の惑星上で生活しているのでしょう。

エロヒムの元の惑星にも、まだ意識の「ふるい」を通り越していない住民がいます。男女の交わりにより常に遺伝子が混ざることで、時々永遠の生命を受けるに値する聡明《そうめい》な個人が出現することがあります。

永遠の生命が技術的に可能になる時、地球上では誰も、犯罪者が永遠の生命を得ることは望みません。死刑を残している国々では、通常の寿命でさえ得ることができないからです。

個人に対しては、否定的な動機づけをする代わりに、肯定的な動機づけをすることができます。誰かが言うように、未犯罪の人が処刑という恐怖心を抱いて過ごすことを望む、見せしめとしての死刑の代わりに、永遠の生命という報酬を見させることもできます。

つまり、「もし私が周囲の人にできる限りの善《よ》いことをすれば、永遠に生きる機会を与えられるかもしれない」と。こちらの方がもっとやる気になります。

新しい技術のお陰で、まもなく地球上でも、永遠の生命を享受する者と剥奪《はくだつ》される者が、一緒に生きていくことになります。

後者の数が圧倒的に多いために、低い方へ平均化しようとする平等主義的な初等教育によって、状況はより危険な方向へと傾き、永遠の生命を得る人たちを他の惑星へと追いやることになってしまうでしょう。

精神的に十分でない人々の手に渡っては危険な高度技術を、決してその手に入らないように、しかし人々が全く快適な暮らしができるように地球の社会体制を整えたあとは、彼らは、私たちの不死の惑星となる近くの惑星へと旅立つことになります。彼らは、今度は永遠の生命を得るに値する人々を選びながら、そこから地球を統治することになります。

不死でない人間は、700歳から900歳まで生きることになるでしょう。その生活は夢のようなもので、病気もなく、科学のお陰で労働もありません。そこにはロボットやコンピュータ、ナノテクノロジー、仮想現実での快楽などはありますが、肉体的またはコンピュータでの永遠の生命、宇宙旅行、核・化学・生物学的兵器などを製造可能にする、知識や施設などはありません。

地球はエロヒムの惑星のように意識の「ふるい」になり、そこでは、性生殖によって新しい人が生まれる培養液の中から、永遠の生命に値する人が時々現れ、不死の人々の惑星へと合流することになります。

サイボーグ

2001年の夏に、イギリスのリーディング大学のサイバーネティック学部長であるケビン・ワーウイック教授は、自ら、シリコンでできた情報素子（コンピュータチップ）を移植して脳とコンピュータ間で通信を行い、人類史上で初めて、「サイボーグ」（人間とコンピュータが半分ずつ）になるつもりでいます。

左腕に移植されるこの素子は、神経を介して脳と繋《つな》がります。

この実験の目的は、コンピュータに接続された電子的部品と、人間の脳との間の相互作用を研究することです。

この情報工学と生物学との融合によって、数え切れない技術の発展が見られるでしょう。

これによって、身体障害者や手足を失った人が、人工的な手足へ直接指令を与えたり、麻痺《まひ》した人の脳からの命令を、超小型のポータブルコンピュータを介して伝えたりするような改善がもたらされるでしょう。

しかし、もっとその先があります。特に脳の能力に関してはです。何年も学校や大学で知識を溜《た》め込むのに疲れる代替えとして、私たちの脳に直接繋いだ記憶素子のことを考えることができます。

例えば、あなたは中国に行く必要があるけれど一言《ひとこと》も中国語を話せないとします。あなたの体に、例えば耳の後ろに付いているソケットに、長さ数ミリしかない情報素子を挿入すると、それはあなたの脳とデータ通信をし、あなたはすぐに中国語が喋《しゃべ》れるようになるのです。

また、私たちはスーパーコンピュータに脳を直結して、すべての問題を解決したり、複雑な計算をこなしたりする能力を、瞬時にして得られるのです。

新技術と環境の保護

クローニングによって絶滅しかけている種を救い、既に絶滅した種でさえ再生することができるようになるでしょう。

既に科学者のチームが、シベリアのツンドラで発見された状態の良い細胞を使い、マンモスをクローンしようとしています。クローンは象に生ませることができそうですが、ロシアの北の平原に、新たなマンモスの群れがごく近い将来出現するかもしれません。

地球上では毎日、１００種もの動植物が公害のために絶滅しています。クローニングのお陰で、それらは救われ、既に絶滅した種も生き返らせることができます。

特にナノテクノロジーは、人間の活動によって生じる公害をほぼ完全に無くすことを可能にします。

農業も必要としなくなるので、殺虫剤、土壌の侵食、河川や海洋の汚染もなくなります。

工場も必要としないので、大気への有毒や危険な排気もなくなります。公害を引き起こす技術使用での鉱物の採掘や、さらに酷《ひど》いその精製過程もなくなり、これらの運搬による他の公害をさらに発生させることもなくなります。

ナノテクノロジーでは、構成する原子を再構成することで、どんな物質からでも何でも取り出すことができます。文字通り何から何まで、どこででも、輸送も抽出もなしに化けさせることができますが、これは、昔の最も奇抜な錬金術師の夢さえ超えてしまうことになります。

彼らは既に、鉛を金に変えるという賢者の石のことを夢見ていました。これこそがナノテクノロジーによって可能になることなのです。炭《すみ》をダイヤモンドにし、芝を鶏《とり》の足や牛のステーキにしたり、有名な産地の格調高い味わいのワインにしたりします。

飼育場の廃止は同時に、動物の糞便《ふんべん》による酷い汚染も無くすことになります。一次産品の、農水産物などの消費地への輸送がなくなるのと同時に、輸送のために必要な燃料を得る必要もなくなります。

人間が必要とするエネルギーは、各家庭で生産される電気に限られ、工業的に消費されるものは完全になくなります。

学校、病院、刑務所の廃止はさらにエネルギーの消費を抑《おさ》え、公務員やオフィス労働者がコンピュータやロボットに入れ替わることで、職場がなくなり、職員が職場へ向かうための移動がなくなることなども、さらにエネルギー減少に貢献します。

地球表面の大部分は、再び原始の自然状態に戻ります。自然は純粋に楽しんで驚嘆するためにだけあり、もう開拓すべき対象ではないということを再発見するのは、人類にとってとても嬉しいことです。

快楽の文明

何千年もの間、人々は生き残るために一所懸命働いてきました。宗教もそれを奨励しました。人類が生き残るために、豊かになるために、進歩するためにそれは必要でした。「額に汗してパンを得よ」と聖書にも書かれました。

快楽、娯楽、怠《なま》けることなどは、どこでも「罪《つみ》」だと見なされました。性に関しても、生殖の手段としてだけ使うべきだとされました。「正直な女は喜びを持たない」と云われました。これは女性器切除の思想と大して変わりません。

一日に12時間、一週間に7日、３６５日休むことなく働かなくてはなりませんでした。その後、日曜日が休みになり、いくつかの国では有給休暇が二、三、四週間、最後には五週間になりました。一週間の労働時間も、80時間から40時間になり、フランスでは最近、35時間制が導入されました。

娯楽の新文明が徐々に訪れ、旅行業を含む産業が現れました。人は純粋に楽しみのためにだけ旅をするようになったのです。

性の面でも、避妊法の発見のお陰で、生殖と喜びを分けて考えることができるようになりました。かつては神からの罰として、「汝《なんじ》は痛みと共に子供を産め」と女性は云われました。しかし、社会の中で新しい局面が開けてきました。

それは、他の喜びと変わりありません。

それはもはや、生殖のためのものではないのです。

今日の人間は、行うことのすべてから快楽を得ますし、もっとそれを得たいと願っています。

幸いにも、喜びと罪悪感の結び付きがほとんど消滅した社会では、すべてが快楽の対象です。

そのお陰で人々はより開花し、暴力性も少なくなり、軍国主義も薄れ、つまりより文明化します。

人類に、歴史上初めて、真の文明が生まれようとしています。

私は、人がギリシャ文明とかローマ文明、エジプト文明などに憧《あこが》れを持って話すのを聞くたびに、いつも内心笑ってしまいます。これらは文明ではありません、単なる野蛮人の再編成でしかありません。人殺しと戦いのことしか頭にはなく、人間の生け贄《いにえ》は、できればいいなどとしか考えていなかったのです。

「文明」とは「市民の」という意味です。つまり軍隊も暴力もないということです。

真の文明とは、軍隊のない社会のことです。これは、過去の歴史から現在に至るまで存在したことがありません。

アメリカ合衆国は文明国家ではありません。アメリカは世界一の軍隊を持っており、何百ものイラクの子供たちが、国連の操《あやつ》り人形を使って科せられた経済制裁で毎日死んでいくことに責任があります。また言うまでもなく、現在まで裁かれずにいる人類に対するさらなる大罪、広島・長崎への原子爆弾の投下は、１００パーセント市民を対象にしたものでした。

真の文明というのは、完全に軍隊を持たない非暴力なもの以外はありません。それはまだ、これから作っていくものです。

快楽によってこそ、人々がもっと開花し、戦争に行って戦いたいなどと思うことのない社会を作り出せるのです。

惨《みじ》めな職業と苦しみの中で生きていると、戦争がまるで快適な娯楽のように見えてきます。ヒーローになり、勲章をもらい、名を挙げ、新しい土地を見ることを想像し、希望で歌を歌いながら出発するのです。

でも、もし人生がもっと快適になり、週に数時間しか労働をせず、しかも自分が好きで選んだ仕事を楽しんでこなしながら、コンピュータや映画、スポーツなどのお陰で毎日新たな喜びを得たり、休暇中は遠くの国を旅したりなどすれば、もう絶対に戦場で自分の腹を切り裂かれたいとは思いません。

さらに良いことに、英雄神話は本来あるべき場所に戻されようとしています。つまり戦争の恐怖を描いた素晴らしい映画があり、遠い国で行われる戦争のルポルタージュで、足を地雷で吹き飛ばされ、顔は変形し、ビニール袋に包まれて帰国する死体などを毎日見ることで、それが重大で何よりもショッキングな事実だと分かるようになっています。

「勲章を獲得するだけのためにこんな危険を冒《おか》すことなんか、あまり魅力的ではない」

「自分の家にいた方がまだマシだ」と。

どんな形の快楽からも、軍国主義と宗教は敵です。この二つの害毒は、人間を搾取《さくしゅ》するためにいつも共謀してきました。

新しい快楽の社会では、すべての活動は快楽を与える目的で行われます。

この快楽の文明を迎えるにあたって、女性の解放は最も重要な出来事でした。

科学のお陰で、女性が川に洗濯に行ったり、食器を洗ったりしなくても済むようになりました。そして何よりも、自分たちの性を支配することを可能にしました。つまり避妊技術のお陰で、快楽を得ながらも、自分たちが決めた時以外は生殖しないということです。うっかりして避妊を忘れた時の治療的な中絶も、この決定する力を増すための助けとなりました。

性は、人類にとって最も重要な快楽を得るための道具として、受け止められるようになりました。

今や60億人を超えた世界の人口過剰が、差し迫った問題になろうとしている現在も、現実と完全に切り離された法王だけは、いまだに伝統に従って「産《う》めよ殖《ふ》やせよ」、避妊と中絶は禁止だと唱えています。

伝統だからこそ、いまだに禁止だと教えているのですが、それは全人類の人口がたった数千人にすぎなかった頃に通用した話で、当時は地球上に人を殖やす必要がありました。でも、今はそうではありません。

聖書に書かれていることだから、それ以外に言いようがないのです。仮に1000億人とか2000億人とかの、すべてを絶滅させかねない想像を絶する数の地球人が、三層に折り重なって生き、その汚染と有毒の膨大な人の排泄《はいせつ》物からくる悪臭が、地球上の生命のすべてを脅《おびや》かすことになってしまっても、聖なる書物を書き換えるほどのことではないということで、不健康にも「生めよ殖やせよ」と言い続けるのでしょうか。

幸いなことには、そんなことになってしまう前に、カトリックの人口はかなりの速度で減少していくでしょう。現にその過程は既に始まっており、ミサの日曜日の朝には教会は文字通りガラガラで、司祭の為《な》り手もいないのです。

性の解放は徐々に進んでいって、古い宗教的なタブーを破壊することに貢献します。

伝統的な結婚は、二人の個人がしがみついて「永遠に」一緒にいることでしたが、これも幸いなことに、もはや流行《はや》らなくなってきています。

平均寿命が35年しかなかった100年ほど前までは、同じパートナーと永遠に暮らすことは簡単なことでした。この「永遠に」というのは、20歳ぐらいで結婚すれば、結局のところ大体15年の話でしたから。

でも今では、平均寿命が約85年ですから、この「永遠に」は15年が65年に延《の》びました。これでは話が違います。

子供が十分に成長するまでは、子供の親に依存している期間ということもあって、その15年くらいは楽に我慢していくことができるとしても、子供が成長して巣立った後も一緒にいることはとても難しいです。

ほぼ人生の半分を占める40歳まで同じ人といて、さらにまた45年間、新たに子供を作りたいと思うわけでもなく、少なくとも精神的にピッタリと合う状態でないと、それは不可能ではありませんがとても難しいことです。

だからこそ、先進国の50パーセントの結婚は離婚で終わるのです。50パーセント以上の家庭が片親だけであることから分かるように、時には、ある国々では子供が十分に成長する前にそうなることもあります。

もう一つ付け加えるべきことは、女性の大半が自分のパートナーとは別に仕事を持ち、経済的に自立しているという点です。これが離別をさらに促《うなが》します。女性は、自分が必要とするものを得るのに配偶者を必要としなくなりました。このようにして、女性は自分の選んだ人生を送ることができるようになり、もう愛していない誰かのために、単に住む場所と食べることのために我慢する必要もなくなりました。経済的に自立し、結婚をせずに子供を育てることを選ぶ女性がますます増えています。

法王は離婚も禁じていますが、50パーセント以上の人々はそれに従わず、仲が悪くなったら離婚するのです。

保守的な勢力は、両親の離婚が、そのカップルの子供の成長に悪影響を及ぼすと信じさせようとします。しかしそれは間違っています。それどころか、職業的に成功して豊かな人生を送っている人の大多数は、離婚したカップルの子供たちです。それは当然のことです。常に言い争いをし、脅《おど》し合い、暴力を振るう二人の間にいるよりは、片親だけと調和的に生きる方が良いからです。

だからこそ、私たちは期限を決めない結婚を祝うのです。ラエリアンの司祭は結婚に際してこう言います。

「一緒にいて幸せでいてください。それがたとえ一週間、一カ月、一年、一生であったとしても。どうぞ、うまく行かなくなった時は、お互いが憎み合うようになる前に、別れる賢明さを持っていてください」

同じように、私たちは離婚を祝福します。なぜなら、すべてのことは祝うべき、楽しむべきことの対象だからです。

ラエリアンの司祭は離婚に際してこう言います。

「あなた方はいくらかの期間、一緒に幸せに過ごしてきました。今別れてもお幸せに。たとえ別れても、ずっとお互い愛し合い、尊重し合うようにしてください」

そして、儀式は最後のキスで終わります。

別れの場面での調和はとても大切です。特に子供がいて、そこに参加する可能性がある場合はです。

これは子供に、人は調和的に生き、かつ別れることができる、ということを見せることになり、これは彼らの成長にとても重要なことです。

離婚に罪悪感を抱かせる古く伝統的な宗教は、憎しみを生み、暴力にまで発展させ、人を辛《つら》い離別へと押しやります。離別の方が、一緒にいることよりも、結局調和的だということもあり得るのにです。

幸いなことに、過ぎ去った時代の罪悪感も徐々に消え去ろうとしています。

もし今日の平均寿命が85歳なら、将来は１２０歳を越えるだろうということが分かります。そして近い将来には２００歳を超え、さらには約９００歳となります。そしてさらに、クローニングのお陰で、私たちは永遠に生きることができるようになります。

その上、働く必要がなくなる状態でです。

85歳までのたった35年間を、二人で一緒に過ごすということが難しいのであれば、９００歳まで、さらに永遠に一緒に過ごすことを想像してみてください。とても限られた例外的な人たちは、本当に永遠に一緒に過ごすかもしれませんが、大多数の人は、無限の数のパートナーと様々な期間を一緒に過ごすことになります。

永遠の生命を得るか、子供を持つかの、どちらかを選択しなければならないということにすれば、とても少数の子供しかいなくなるでしょう。このお陰で、さらに人は問題なく別れることができ、絶えず新しい人と新しい快楽を体験できるようになります。

働く必要がない社会で永遠に生き続ける人々は、常に快楽と娯楽の世界の中で生きることになるでしょう。

ゲームから仮想現実、現実での、他者または生物ロボットとの性的体験のための出会い、また友人として現実に他者と会うこと、電子工学的な麻薬、芸術や科学に関する応用と研究まで、あれこれと自由に切り替えながら、新しくやってくる日々は絶え間ない喜びの連続となることでしょう。

未来の家

未来の家は、現在私たちが知っているものとは全く違ったものになります。新技術のお陰で、一戸建てや集合住宅であるかに拘《かかわ》らず、生活のための単位が完全に自給自足の状態となるでしょう。

現在すべての住居は資源に依存しており、電気エネルギーの分配や水、ゴミ、下水等、すべてが集中化されたシステムになっています。

全く同じ形式のインフラストラクチャーが、食物の分配でも使われています。

未来には、これらのインフラストラクチャーが不要となります。

ナノテクノロジーのお陰で、私たちの食べ物は食物合成機で生産されるようになり、基本的な化学物質から何でも作ることができるようになります。牛の頭から、鶏のモモ、果物、野菜、飲み物まで。これまで見てきたように、すべての食糧生産の鎖、つまり農業に始まる食料生産に関する産業は、廃止されている可能性があります。

メンデレーエフの周期律表にあるすべての元素を含んだ液体を、常に合成機に与えるだけでいいのです。ちょうど現在でも水道の蛇口から水が出るように、この液体「メンデレーエフの水」を、配管で各住居の合成機へ与えることになるでしょう。

しかしこのシステムも、最終的な段階である生活圏の分散化のところまで来ると、各生活単位の物質とエネルギーの全体的な都合のシステムの中に、統合されてしまうことになるでしょう。

このようなシステムでは、各アパートや家は、すべての点で100パーセント自給自足となります。

私たちの飲む水は、尿の段階で回収され、ナノテクノロジーによって100パーセント純粋な上水に変えられます。同時にミネラルも大事に再利用されます。

同様に、排便で出る物質も回収され、尿から出るミネラルと共に、明日の食料とするためにリサイクルされます。

このようなシステムでは、外部からの毎日の食料供給や、汚れたゴミの廃棄などは全くなくなります。継続的なリサイクルでは、時々数グラムのメンデレーエフの全元素を含んだ物質や粉、数リットルの水の補給でさえ必要としなくなります。

このような住居の空調設備では、私たちが吐《は》き出した空気も、私たちの呼吸や発汗で失われた水と共に濾過《ろか》され、埃《ほこり》もリサイクルされます。

私たちが必要とする電気エネルギーは、各住居に備え付けられた洗濯機ほども大きくなく、それ自体がナノテクノロジーにより機能する燃料電池によって、空気中の水素を利用して作られ、すべての洗濯、照明、空調などに必要なエネルギーを十分に賄《まかな》うことができるようになるでしょう。

電子情報が数々の利点と共に、新聞や雑誌に取って代わるでしょう。これらの出版や、紙、インクの製造に関わる産業は、地球の無残な森林破壊と、紙の漂白剤に関連する水系と大気の汚染に責任があります。

これらの印刷物はそのほとんどが、次の日はゴミ箱に捨てられてしまうバカげた事が書かれた物です。それらのゴミ箱は、もうどうしていいのか分からないほどゴミの山でいっぱいで、それがまた地下水を汚染してしまうのです。

これらはすべて、ナノテクノロジーのお陰で実現する、自給自足が可能な生活の場によってなくなります。

つまり、エネルギーや食料や水などの資源、ゴミ捨て場などへの依存がなくなります。

遠距離通信や非常に重要なインターネットなども、各住居単位に個別に備え付けられたアンテナで、直接人工衛星を利用して行われます。

家そのものも、一種の生物学的物質から作られ、構造自体がナノロボットからできています。

例えば床も、生きた皮の上に敷かれた、厚い快適なカーペットで覆《おお》われていて、それはゴミや埃《ほこり》を、自分自身に取り込んで栄養源としたり、古いものを新しい繊維に伸ばすために利用したり、また繊維の間にはナノロボットがいて、常に繊維を掃除しているということもできます。

壁もそれ自体が、自浄能力のある物質で覆われていて、色を変えたり、あなたの希望に添った想像し得る限りのモチーフ（図柄）で、常にそれ自体を修復します。あなたのパソコンのスクリーン・セーバーを選ぶように、あなたの壁の色を選ぶのです。一日ごとに変えてもいいし、時には一日に何度でも変えることができます。

そればかりか、色は動画のように変化させることもできますし、ある時間ごとに変えることもできます。

窓の位置自体も、あなたの望みで移動させることができます。なぜなら、ナノテクノロジーによって、意のままに物質を透明化することさえ可能になるからです。

あなたが今、どこかに住居を建てようと決めたとしても、全く働く必要はありません。

あらかじめそれ用にプログラムされた、基本となるナノロボットの入った小さな箱を持って行くだけです。それは勝手に十分な数まで増殖し、地中にある物質を利用して、原子や分子のレベルで物質を再構成します。顕微鏡的な大きさの、肉眼では見ることのできないナノ労働者たちは、あなたがあらかじめ選んでおいた設計図に従って、あなたの家をキノコのように地中から生えさせます。

ある日あなたが、別の場所に移動しようと決めた時も問題はありません。同じナノロボットがあなたの命令を実行し、その場所を元通り自然の姿に戻します。草や見事な大木までもが、そこにあなたが来る前にあった通りになります。

これはちょうど、庭に植えると生えてくる、「家の種」を植えるようなものです。

マクロバイオロジー（巨大生物学）

人は自分のレベルから生命を研究し始めました。それが生物学であり、言い換えれば生命、生きているものの科学です。

その後、無限小へ向けて、小さいものを研究する顕微鏡などの手段を発明し、無限小へ向けても、生命体はあったのだということを知りました。「単細胞」の動物や、私たち自身も大体その「単細胞」の動物と同じようなものからできていて、ただそれが集まりくっついている状態のことなどです。

次の段階は、マクロバイオロジー（巨大生物学）でしょう。

それは、私たち個々人がその細胞でしかないような、巨大な生き物の研究を可能にする新しい科学です。

母親のお腹《なか》の中での胎児の成長と、人類全体の成長とはとてもよく似ています。

先ず初めに、遺伝子を半分ずつ出し合った精子と卵子の結合の結果、たった一つの新しい細胞ができます。この最初の細胞は「全能性」を持っています。それは、肝臓、脳、腎臓など、人間の体のどの器官になるかの情報をすべて持っているという意味です。この最初の細胞には、将来の人間の体の全部が完全に入っているのです。細胞分裂が始まる最初の数週間は、まだ専門化は始まりません。この専門化というのは、例えばある細胞は将来の脳とか肝臓の細胞になるとか、もうそれ以外のものにはなれないという意味です。

人類の最初も同じでした。

最初の人間は、生存に必要なことはすべて完全にできなくてはなりませんでした。食料を探し、衣服を作り、靴や家を作ることなどです。

私たちの時代の社会では、「人間という細胞」はもはや、それらの全部を行うことはしません。大都市ではもう誰も、自分の食料を生産したりはしません。自然の産物を収穫して自分の服を作る人や、自分で殺した動物の皮で自分の靴を作ったりする人はいません。細胞の専門化によって体の中の器官が分化していき、それがますます複雑になっていくように、人間も個人単位の専門化により沢山の職業が生まれ、人類がますます複雑になっていきます。

今はまだ食糧を生産する人々がいますが、彼らは全社会に供給しています。着るためには服しか作らない人のところへ服を探しに行き、靴に関しては靴しか作らない人のところへ行きます。

専門化はますます加速しており、例えばある医者は、もう心臓しか手術しない、またある医者は、肺とか脳だけしか手術しないというほどです。

社会のすべての点でこのことが当てはまります。コンピュータ、車、飛行機などにしても、それらの部品は全くそれしか作らない専門家によって作られています。

同じように、胎児の器官は勝手な順番で出現したりはせず、発達の程度によってきっちりと決められた順番で現れます。社会においても、人類という胎児が発達する段階では、きちんと決まった時に専門化された活動が現れます。

これらの出来事は細胞の増殖数、つまり時間の流れに沿って、予定表上の出現時期が決まっています。

医者は、どの時期にどの器官が発達してくるのか、胎児に関してはよく知っているものです。

人類に対しても全く同じです。

一人ひとりの人間は、この成長していく人類という胎児の、体の中にある一つ一つの細胞です。

やがていつの日か、全部の器官を発達させた時、赤ちゃんは生まれる準備ができます。人類という赤ちゃんも、もうすぐ自分の器官をすべて発達させて、生まれる準備が整うでしょう。

その過程で私たちが開発してきた様々な新しい技術というのは、私たちがその細胞である、人類という赤ちゃんを誕生に導く最後のステップです。

この存在の中では、私たちは無限小の存在ですが、この集団的意識は、その細胞が永遠の生命を得ることによって、それ自身も不死となり、すべての意識が融合していって、一つの意識を作ります。

そして、この無限の宇宙の他の地域にある、一つ一つの意識とさらに交流することができるようになります。

人類という胎児がまだ発達の途中で、内部がバラバラの存在の時は、一つになった意識はそれと交流することができません。私たちが現在までそうであったように、また私たちが不死になるまでの間はそうです。

だからこそ、一人ひとりが違っていて、その違いを表現することがそれほど重要なことなのです。

なぜなら、全体の強さは、それを構成するものの多様性に比例するからです。

私たちがお互いに異なれば異なるほど、私たちは、私たちが作っている全体を豊かにすることになります。

一つになった意識にとっての敵とは、平均的であることを勧める人、統一的な考えを吹聴《ふいちょう》する人、政治的、宗教的、性的規範を唱える人、中道主義者、保守主義者、反セクトを勧めるセクト、蒙昧《もうまい》主義的な宗教を狂信する人などです。これらの人は過去の歴史が始まって以来存在するもので、私たちの惑星上で最も遅れた部族の中で見られるように、魔法使いとかシャーマンとか呼ばれているような、無知な漁師たちから始まったものです。彼らは首の周りに沢山のお守りをぶら下げ、子供の治療のために抗生剤を使えばすぐに治《なお》ってしまうような場合でも、悪魔を呼び出そうとしたりするのです。

すべての人は無知で科学がなく……。

最も進んだ科学というのは、私たちもそれを構成している全体のものを研究する、マクロバイオロジー（巨大生物学）です。

この科学によって私たちは、私たちがそれを形作っている無限大の生命のことだけでなく、それが占める無限大の中での位置や、他の場所にある同様な体との相互作用、また、生命の存在しない他の惑星での創造を行うことによって、新たに他者を作り出すことの可能性などについても分かるようになります。

そして、無限の中での私たちの本当の場所はどこなのかも理解できます。つまり、自分自身のことを意識している物質です。

もし、巨大生物学に関する筋《すじ》の通った説明で、私たちの究極の好奇心を満たすことができるのであれば、人類に無限を理解させ、感じさせることを可能にする精神的ガイドたちによって、その仕事は補《おぎな》われるべきでしょう。

無限を理解することは全く期待できそうにもありませんが、それを瞑想《めいそう》によって感じたり、自分がすべてのものと一つになっていることを感じたりするのは、とてもワクワクすることです。

だからこそ、巨大生物学者は、既に始まった新しい時代のグル（サンスクリット語で覚醒《かくせい》させる人）や、精神的ガイドとなる人が増えることを奨励するのです。

科学と意識は、ようやく再び一つになりました。死というものがなくなり、身体的に永遠となり、とうとう聖書の表現にあるように、「神と等しく」なるという言葉を再び持ってくることになりました。

私たちが構成しているこの人類という赤ちゃんの中では、一人ひとりの考えが全体に影響を与えます。だからこそ全体のことを考えながら、毎日瞑想する必要があるのです。

またそのためにこそ、胎児の中ではある部分が、将来専門化して脳となる部分が意識を作り出すように、ある人々は、私たちが作っている巨大な存在の中の意識となるのです。

この人たちが、他の人たちに対するガイドと呼ばれることになります。その輝きとカリスマ、ほとんど遺伝的なものからくる、深い他人への思いやりなどのせいで、自然に他人はその存在に惹《ひ》きつけられるのです。

彼らは自分自身の利益以前に、全体のために良いことをしようとする人たちなのです。あなたの幸せが彼らにとっては大事なのだということを、会った瞬間からあなたに感じさせる人たちです。

この人たちに近づくだけですぐに愛され、理解されていると人は感じるのです。

私がラエリアン・ムーブメントを組織し始めてから27年。このような人たちが、現時点で世界に125人以上います。この「新時代の牧師たち」の第一の使命は、科学を啓蒙《けいもう》することと、迷信を広める過去の宗教、人の成長を妨げる不条理と恐れを撲滅《ぼくめつ》することです。これらガイドの人たちは同時に、本当の意味での宗教を感じさせます。宗教とは語源的に、すべての人々をお互いに結び付ける絆《きずな》のことです。クローニングのお陰で永遠の生命に手が届くようになったので、私たち一人ひとりが構成する人類という赤ちゃんが、まさに今、生まれようとしているのです。

もしこの挑戦にあなたが魅力を感じるのでしたら、私に連絡を取ってチームの一員として合流することができます。もしあなたが、これこそが自分の一生を捧《ささ》げるべき使命なのだと心から感じるのでしたら。

結論

私たちは何という素晴らしい時代に生き、かつ恵まれているのでしょう。

現在の文明は、黄金時代の入り口にあり、私たちに永遠の生命を科学的に与え、労働の必要性を廃止し、喜びを味わうことを可能にし、数え切れないほどの、様々な発明発見による成果を楽しむことを可能にしました。

ここで、すべての発明家たちのことを一緒に思い起こしてみたいと思います。彼らは、バカで理解力に欠けた同時代の人々に、自分の考えを説明しようとして、物笑いにされたり冷やかされたりして苦しんだのです。

車輪を発明した人が初めて自分のアイデアを話した時、自分の鼻先より遠くも見えない愚か者に、ゲラゲラと笑われたのが聞こえてくるようです。

「そんなものは上手くいくはずがない！」

と、地面を転げ回りながらバカにして言ったに違いありません。

水道を引こうと思った人、馬に乗ろうとした人、初めて字を書いた人、紙、蒸気機関、電気、洗濯機を作った人、月に行こうとした人など、すべてが同じ扱いを受けました。

私たちが日常生活で利用しているものはすべて、ただ一つの例外もなく、最初はみんなに笑われた人によって発明されました。つまりメガネ、ボールペン、衣服のボタンなど、私たちを取り巻いているどんなものも例外なく、その都度、愚か者たちが引付けを起こすほど笑い転げて、その発明家をバカ扱いしてきたのです。

私たちの時代は、天才がバカ呼ばわりされたことに対する巻き返しの時です。今日ではようやく、革新というものが価値あるものとされるようになりました。

人はそれを研究し、奨励し、またそれを開発するための省庁までも作るようになりました。

「こういう風にいつもやってきたから変える理由はないさ」という集団的愚かさにまみれた考えが、「私たち以前のバカな人たちがこういう風にやってきたのなら、それを達成するもっと良い他の方法が必ず見つかるはずだ」という、新しくて素晴らしい考え方に取って代わりました。

注意しなければなりません。というのは、最近も偉大な発明が、バカにまみれたパラダイムを持つ人に無視されて、大金を得るチャンスを失う破目《はめ》になりました。

水晶時計の発明者が、スイスの時計産業に断られた話です。それは日本人のお陰で大成功を収める前のことです。日本はこれで世界の80パーセントの時計のシェアを獲得しました。このシェアは、水晶時計の発明以前はスイスのものでした。面白いのは、その発明をした人がスイス人だったということです。

発明家のことを鼻でせせら笑ったために、その後何千もの会社が閉鎖になり、多くの人が失業しました。彼らにとってはまさに自業自得です。

コピー機、コンピュータ、電話、自動車、電球にしても同様です。もしあなたが若くしてこの本を読み、何でもすべてのことに対して、

「今まで人はこうやってきた。だから絶対、私以前のバカ者たちよりもっと上手くやる方法があるはずだ」

と自分に言う癖《くせ》をつけるなら、高い可能性でそれを実現できるでしょう。またそうでないとしたら、

「結局人はそれほど愚かじゃなかったな」

ということもあるでしょう。でもそれは、誰かが実現するまでの間はです。というのは、何に対しても、より上手くやる方法は一つはあり、結局それは無限にあるのですから。

たった今始まったばかりの新時代には、若い脳が必要であり、それは自分の最大の敵は両親や教育者たちから刷り込まれたものの考え方だということを意識しながら、すべての過去から引き継いだあらゆるものを、再びマナ板の上に乗せることです。

発明家は常に革命家です。そうでなければ何も変える必要はなく、決して何かを変えようと思ったりはしません。

もう一つの、新人類に必要な性質は怠《なま》け心です。

すべての偉大な発明は、できるだけ楽をして他人と同じ結果を出したいと考える、非常に面倒臭がりな人によって作り出されてきました。

ですから、水道は井戸に水を汲《く》みに行くよりは疲れません。温水が蛇口から出れば、水を温めるために薪《まき》を拾いに行かなくても済みます。洗濯機があれば、川に洗濯に行かなくても済みます。また例えば、車で買い物に行くことができれば、馬に餌《えさ》をやったり手綱を付けたりする必要もありませんし、電卓があれば、沢山の足し算を手で計算する必要もありません。

ユダヤ・キリスト教的な伝統的文化では、額《ひたい》に汗せずしてパンを得ることはモラルに反することであり、できれば沢山苦しんだ方が良いとされます。

一部のバカな保守主義の人たち以外は、今日では誰もそうしたいとは思いません。

今、生まれようとしている初めての真の文明は、私たちを快楽の世界に導きます。労働も全くなく、努力も喜びのため以外にすることはありません。それをできるだけ早く出現させるには、若い人たちが二つの基本的性質を高めていかなければなりません。この性質が、私たちにそれをより早く実現させてくれるのです。過去の技術や習慣の絶え間ない見直しと、怠け心との二つです。怠け心は個人のためですが、それが社会にとってはエネルギーの節約に繋《つな》がります。

工業的にもなるべく少ないエネルギー消費で、同じ仕事を完成させようとするし、私たちの体も何かをする時は、常に使うエネルギーを可能な限り少なくしようとします。すべての生物学的バランスは、この怠け心を基礎に成り立っていると言いたいくらいです。

研究者は、動物の巧妙なエネルギー消費について感心させられてきました。例えば、どんな飛行機でも同じ重さ当たりで比べれば、鳥ほどにエネルギーを節約できません。

気をつけてください。「何もしないこと」と「怠けること」は違います。「何もしないこと」は脳を萎縮《いしゅく》させ生産的ではありませんが、「怠けること」は創造性への動機となります。

「怠けること」は、同じ結果を得るために、できるだけ少ない努力をしようとすることです。

これこそ、すべての発明家たちを動機づけてきたものです。

ナノテクノロジーによって、一切の努力が必要とされない社会が来ます。そのお陰で快楽の社会がやってきます。

やりたければ努力をすることはできますが、それは必要に迫られてということではなく、喜びのためにすることです。

今でも、車を使う代わりに一時間歩いて、友人の家を訪問することがあると思います。でもそれは自分で望んだからであり、他に方法がなかったからではありません。

芸術的作品を仕上げたり、科学的研究のためなどに大きな努力を払うことはできますが、あくまでそれは楽しみのためにです。

踊ったり、ビデオゲームをしたり、愛し合ったりとかは、かなりの努力が必要です。でも人は、それらがとても好きです。

これらが、今からやってくる世界です。あなたも、それがもっと早く実現するのに貢献することができるのです。そのためには忘れないでください。すべての面で革命的であることを。

全力を尽くして人生を楽しみ、死ぬことを拒否してそれが永遠に続くことを願い、永遠の生命を持つ権利を主張するのならば、古いユダヤ・キリスト教的パラダイムにまみれた議員たちをどこかに捨てて、「決して死なない」という生命に対して不可侵の最も基本的な権利をあなたに与えるために、政治の世界へ入って法律を作るべきです。

未来の世代のために法律のことを話す人たちは、もう死ぬことを受け入れたことになります。いやむしろ、もう死んでいます。彼らの頭の中身がです。あなたは、というとまだ生きていて、ずっとそうであり続けたいと思います。

何の権利で、まだ生まれていない人の権利が、既に生まれている人の権利よりも重要だというのでしょうか。

そうしないで済む状況であるにも拘《かかわ》らず、どんな名分《めいぶん》のもとに死ぬことを受け入れろというのでしょうか。

彼らが主張するように人の命は尊いものであるのに、永遠に生きることを可能にする技術を持ちながらそれを使えないということは、これこそ生命の尊さを否定することです。

繰り返しますが、彼らにとって死ぬのが快楽であれば、結局彼らは死にます。これはそうでない人たちに場所を明け渡すことになります。

しかし問題なのは、彼らが、永遠に生きたいと言っている人たちにも、死ぬことを強制したいと思っていることです。

なぜなら、他の人がずっと生き続けることを選択したのを知りながら、死ぬというのは、とても難しいからです。

これは単純に、嫉妬《しっと》の問題だということができます。

その人が望むように生きさせ、または死なせることです。

これが英知というものです。だから、死にたいと思う人は、生きたいと思う人をそのようにさせておかなければなりません。それが彼らにとって、精神的に受け入れ難いとしてもです。それは彼らの選択であり自由ですから。同じように、不死になるということも私たちの選択であり自由です。

人生の一秒一秒を楽しんで生きること、全身でもってその喜びを味わうことを学ぶのです。自分自身の変化を意識し、他人の変化を意識し、周りの環境が終わりのない変化を続ける、世界の中にいることを意識しながらです。

このようにして、永遠の生命が情熱的なものになるのです。

あなたの現在の人生を、永遠に備えるためのセミナーとしてください。これこそが、永遠に幸福でいる存在のために欠かせない精神的な広がりです。

ダライ・ラマも言っています。

「コンピュータの中で永遠に生きるということは、良いカルマだと考えることができる」

思い出してください。あなたが望むなら、あなたは決して死ぬことはありません。私の使命というのは、本物の精神的な指導者がすべてそうであるように、あなたに幸福を教えることで、そうなりたいという欲求を起こさせることなのです。

追記文

2001年 3月28日

監視調査小委員会・委員長

ジェームス・C・グリーンウッド閣下へ

この証言をジョルダノ・ブルーノに捧《ささ》げたいと思います。彼は四世紀前に、他の惑星に生命が存在すると言ったために、カトリック教会によって死刑を宣告され、火あぶりにされました。

私は今、世界のトップ科学者や哲学者の31人が署名した宣言書を持っています。この中には、DNAの構造を発見した一人であるフランシス・クリックや、数多くのノーベル賞受賞者たちが名を連ねており、科学の自由の一部として人のクローニングの自由を支持しています。

なぜ私はブリジット・ボワセリエ博士に、アメリカで世界初の人クローンの会社を作るように依頼したのでしょうか。

それは、アメリカが自由の国として、世界中の手本となるべき憲法を持っているからです。そして、皆さんの憲法が尊重されることを保証し、たとえ政府や議員に背《そむ》いても、市民の自由を保証する最も素晴らしい宝石である制度、最高裁判所があるからです。

たとえ人のクローニングが禁止されても、最高裁判所は体外受精の時と同じように、憲法に違反するとしてその法律を無効とするに違いありません。

体外受精のお陰で、今日20万人の子供たちが生きています。体外受精に反対する法律がいまだに施行されていたら、この20万人の子供たちの命は、宗教的権力の圧力のもとで否定されて存在していないでしょう。体外受精が合法化される前に、反対者たちは、この処置によって怪物や奇形児が生まれるだろうとも予測していました。

百年前に宗教権力が、科学の自由に反対する法律を通過させていたら、抗生物質、外科手術、輸血、臓器移植、ワクチン摂取、車、電気、コンピュータ、飛行機などは今、存在していないでしょう。

科学を止《と》めることは人類に対する犯罪です。

百年前にこのような発見が禁止されていたら、30億の人が生まれてまもなく死んでしまい、人生を楽しむことなどはできなかったでしょう。その数の中には皆さんの両親や、皆さん自身が含まれているかもしれません。私たちの少なくとも90パーセントは、科学のお陰で現在生きていると言うことができます。

30億人とは、ヒトラーやナポレオンを含む、人類に対するどの犯罪者たちが殺した数よりも多い数字です。

今日皆さんの手の中には、現在生きている人たちや、今後生まれてくる何十億人もの人たちの命が握られています。

皆さんは、何十億人もの人たちの命を救った英雄として後世に伝えられるか、それとも科学の進歩を遅らせて、可能な治療や新しい生命あるいは永遠の生命を否定し、人類に対する犯罪者として名を残すかの、どちらかを選ぶことができます。

とは言っても、遅らせることになるだけです。なぜなら、それは結局、いつかどこかで行われてしまうことであり、有難いことに、何も科学を止めることはできません。しかし、法律は研究を遅らせることができ、その結果、国民が苦しむことになります。

皆さんは、その遅れと、それによる死や苦しみに対して責任を持つことになります。

この死や苦しみは、あなた方皆さんのものになるかもしれません。なぜなら、議員であっても、急な病気に罹《かか》るのを免《まぬが》れることはできないのですから。皆さんの子供や孫であってもそうです。

人のクローンに反対する宗教家たちは、自分たちや自分の子供たちに対して、それを拒否する自由を持つべきです。中絶、輸血、外科手術を拒否する自由があるように。人のクローニングによって、私たちは永遠の生命を手に入れることができるでしょう。人のクローニングや永遠の生命を含む、科学の進歩の成果を楽しみたい人たちには、その恩恵を受ける権利があります。

宗教や迷信はどちらも違いはありませんが、これらが科学を支配していれば、私たちはいまだに暗黒の時代を生きていたでしょう。

皆さんの偉大な憲法は宗教の自由も保証しています。つまり、無神論者である自由、神は存在しないと信じ、何の道徳的制約も受けずに科学から恩恵を受ける自由です。

私たちラエリアンは、科学が私たちの宗教であるべきだと信じています。なぜなら、科学は生命を救うからです。一方、宗教と迷信は生命を殺します。

科学は、迷信と超自然的な信仰を破壊します。

だからこそ宗教は、常に科学や進歩の敵であり、ここでもまた、あらゆる手段を尽《つ》くして科学を止《と》めようとしています。

人のクローンの恩恵を受けたいかどうかを決めるのは、人々の自由であるべきです。

人のクローニングを合法化することによって、これから再生される人の権利を守ることになります。クローニングは、私たちが今クローンしている医療事故で死んだ十カ月の赤ん坊のような子供に、二度目の生きるチャンスを与えることができるからです。それはもしかしたら、皆さんの愛する子供や孫かもしれないのです。その子のことを考えてみてください。

議員は、暗黒時代の権力や迷信と共犯者になるべきではありません。歴史が彼らを裁くことになりますから。

人のクローニングは、更なる偉大な発見への第一歩です。つまりその発見とは、かつてこの地球上で私たちが、私たちの創造者たちであるエロヒムによって創造されたのと同じように、完全に人工的な生命体を造り出すことです。

人のクローニングは、人々が神と呼んでいる存在の意思に背《そむ》かないばかりか、他の多くの宗教的指導者たちが主張するように、私たちがそれを発見し、利用することは、聖書に書かれてあるように、創造者たちと等しくなるという、私たちの創造者たちの計画の一部でもあるのです。

この「追記文」は、AH55(2001)年3月28日、ラエルがアメリカ議会の「監視調査小委員会」に招かれ、ゲスト・スピーチした時の内容を要約したものです――編集部注。

「クローニングと、科学的研究の完全性を擁護する宣言書」

以下の宣言文は〈『Free Inquiry magazine』Vol.17・No.3〉からのものです。
http://www.secularhumanism.org/library/fi/cloning_declaration_17_3.html

私たち署名者は、高等動物のクローニングにおける、主要な進歩のニュースを歓迎します。今世紀を通して、物理、生物、行動科学は、重要な新しい能力を人類の手の届く範囲に置きました。結局のところ、これらの進歩は、人間の幸福を大きく改善するために貢献してきました。新しい技術が、もっともな倫理上の問題を生じさせてきましたが、人間社会は一般に、そのような問題に公然と立ち向かい、一般の幸福を向上させる答えを探すために意欲を示してきました。

高等動物のクローニングは、倫理的な関心を高めています。クローニングの利益を最大限に利用しながら、その乱用を防ぐために、適切なガイドラインを発達させる必要があります。そのようなガイドラインは、各個人の自主性と選択を最大限に尊重するものにすべきです。科学研究の自由と完全性を妨げないために、あらゆる努力がなされるべきです。人のクローンが、現時点で可能であることを示した人は、まだ誰もいません。しかし、現代の業績が、クローニングへの道を開くかも知れないという可能性は、抗議の嵐を巻き起こしています。私たちは、米国のクリントン大統領、フランスのシラク大統領、英国のメイジャー前首相、そしてローマのバチカンという様々なところからの、クローニングの研究を遅らせ、それに投資をしないようにし、中止にさせようとする広範囲にわたる呼びかけを、心配しながら見ています。

理性は、人類が遭遇する問題を解決するための、最も力強い道具であると私たちは信じています。しかし、理性に基づく議論は、最近のクローニングに対する攻撃の洪水の中では稀なものとなっています。批評家たちは、イカロスの神話や、メアリ・シェリーのフランケンシュタインを引き合いに出して、「人は知るべきでない」とされる問題を科学者たちが敢《あ》えて推し進めるならば、酷《ひど》い結末が待っていると予言することを楽しんでいます。最も痛烈な批評の陰には、人間のクローニングが、これまでのどんな科学的あるいは技術的な進歩よりも、より深い倫理的論争を巻き起こすだろうという仮説が横たわっているようです。

人間のクローニングによって、どんな倫理問題が引き起こされるのでしょうか？　人間は基本的に他の哺乳動物とは違うと説いている宗教もあります。すなわち人間は、神によって不滅の魂を吹き込まれ、他の生物とは比較のできない価値が与えられているというのです。人間はユニークで神聖なものであると考えられています。この「自然」を変えてしまうという、予見されるリスクを持ち出す科学的進歩は怒りをもって反対されるのです。

そのような考えは、教義の中に深く根ざしているかもしれませんが、人間が新しいバイオテクノロジーから恩恵を受けることが許されるかどうかを決める時に、そのような考えを出すことには疑問があります。科学という分野から導き出される結論は、ホモ・サピエンスは動物界の一メンバーにすぎない、ということです。人間の能力とは、高等動物の中で見られるものとは程度が違うのであって、性質が違うものではないように思われます。人間の思考、感情、向上心、希望などの豊かなレパートリーは、機器では捉《とら》えることのできない方法で機能する、非物質的な魂によるものではなく、電気化学的な脳の反応過程によって起こるように思われます。

従って、クローニングに関する最近の論争で持ち上がる当面の疑問は、超自然的または精神的な考えや行いを提唱する人たちに、その討論に貢献できる厳密な意味での資格が、本当にあるのかどうかということです。もちろん、誰でも意見を述べる権利は持っています。しかし、単に何人かだけの宗教的な信条と相容れないために、莫大な利益をもたらす可能性のある研究が中止になるかもしれないという、非常に差し迫った危険があると私たちは思っています。以前に、同じような信条的な理由から、検死や麻酔や人工授精、そして今日の、すべての遺伝子革命に反対がなされたにも拘《かかわ》らず、それらの発展から、巨大な利益が生じたということを認識するのは重要です。人類の神話的な過去に根ざした人間の見方を、クローニングに関するモラルを決める時の主要な基準にしてはなりません。

人間以外の高等動物のクローニングに、倫理的なジレンマが内在しているとは私たちは思いません。同様に、将来に人間の組織のクローニング、さらには人間そのもののクローニングが開発されることによって、人間の理性で解決できる以上の倫理的な窮地が訪れるかどうかも明らかではありません。クローニングによって引き起こされる倫理的な問題は、核エネルギー、組み換えDNA、コンピュータの暗号化のような技術で、人間が既に直面してきた問題より大きくも深淵《しんえん》でもありません。それらは、ただ新しいだけです！

歴史的に見ても、過去に逆戻りし、既存の技術の応用に限界を設けたりそれを妨げるような、技術の革新に反対する人の選択が、現実的だったり生産的であったりしたことはかつてありません。クローニングがもたらす利益の可能性は、あまりに巨大なものであるかも知れないので、もし古代神学上の良心の咎《とが》めから、クローニングを拒絶することにでもなったとしたら悲劇でしょう。私たちはクローニング技術を引き続き、責任を持って発展させることを要求すると共に、伝統主義者や蒙昧《もうまい》主義者的な見方で有益な科学的発展をむやみに妨害しないことを保証する、広範囲に亘る協力を要求します。
以下、この宣言に対する署名者は、国際アカデミーの人文学でその栄誉を受けた人たちです。

*ピーター・アドミラル（Pieter Admiraal）／医師／オランダ
*ルーベン・アルディラ（Ruben Ardila）／心理学者、コロンビア国立大学／コロンビア
*イザイア・バーリン卿（Sir Isaiah Berlin）／オックスフォード大学哲学名誉教授／イギリス
*ハーマン・ボンディ（Sir Hermann Bondi）／ケンブリッジ大学チャーチル校前会長、英国学士院会員／イギリス
*バーン・ブロウ（Vern Bullough）／カリフォルニア州立大学ノースリッジ校、看護学客員教授／アメリカ
*マリオ・バンジ（Mario Bunge）／マクギル大学科学哲学教授／カナダ
*バーナード・クリック（Bernard Crick）／ロンドン大学バークベック校、政治学名誉

教授／イギリス
＊フランシス・クリック（Francis Crick）／ソーク研究所、ノーベル生理学賞受賞者／アメリカ
＊リチャード・ドーキンス（Richard Dawkins）／オクスフォード大学、チャールズ・シモニー教授職。科学の啓蒙活動に従事／イギリス
＊ホセ・デルガード（José Delgado）／神経生物学センター所長／スペイン
＊ポール・エドワード（Paul Edwards）、ニュースクールフォーソーシャルリサーチ、哲学教授／アメリカ
＊アントニー・フルー（Antony Flew）／リーディング大学、哲学名誉教授／イギリス
＊ヨハン・ガルタング（Johan Galtung）／オスロ大学、社会学教授／ノルウェー
＊アドルフ・グルバム（Adolf Grübaum）／ピッツバーグ大学、哲学教授／アメリカ
＊ハーバート・ホートマン（Herbert Hauptman）／ノーベル賞受賞者。ニューヨーク州立大学バッファロー校、生物物理科学教授／アメリカ
＊アルベルト・イダルゴ・トゥニョン（Alberto Hidalgo Tuñón）／アストリアス哲学組織、会長／スペイン
＊セルゲイ・カピツァ（Sergei Kapitza）／モスクワ物理学技術研究所会長／ロシア

＊ポール・カーツ（Paul Kurtz）／ニューヨーク州立大学バッファロー校、哲学名誉教授／アメリカ

＊ジェラルド・A・ラルー（Gerald A. Larue）／南カリフォルニア大学ロサンゼルス校、考古学および聖書学名誉教授／アメリカ

＊テルマ・Z・ラヴィン（Thelma Z. Lavine）／ジョージ・メーソン大学、哲学教授／アメリカ

＊ホセ・レイテ・ロペス（Jose Leite Lopes）／ブラジル物理学センター所長／ブラジル

＊タズリマ・ナズリン（Taslima Nasrin）／作家。内科医。社会批評家／バングラデシュ

＊インドゥマティ・パリク（Indumati Parikh）／改革家。活動家／インド

＊ジャン・クロード・ペッカー（Jean-Claude Pecker）／フランス大学、天体物理学名誉教授。科学アカデミー／フランス

＊W・V・クウィン（W. V. Quine）／ハーバード大学、哲学名誉教授／アメリカ

＊J・J・C・スマート（J. J. C. Smart）／アデレード大学、哲学教授／オーストラリア

＊V・M・タークンド（V. M. Tarkunde）／改革家。活動家／インド

＊リチャード・テイラー（Richard Taylor）／ロチェスター大学、哲学名誉教授／アメリカ
＊シモン・ヴェイユ（Simone Veil）／ヨーロッパ議会、前会長／フランス
＊カート・ヴォンガット（Kurt Vonnegut）／小説家／アメリカ
＊エドワード・O・ウィルソン（Edward O. Wilson）／ハーバード大学、社会生物学名誉教授／アメリカ

ラエルサイエンスをご購読ください。

rael-science-select-subscribe@yahoogroups.com
rael-science-francais-subscribe@yahoogroups.com

参　照

〈クローニングの発展〉

● 人クローニング
http://www.humancloning.org/firsthumanclone.htm

● ノアの箱舟
http://groups.yahoo.com/group/rael-science-select/message/686

● 英国が人クローニングを容認
http://groups.yahoo.com/group/rael-science-select/message/655

● クローニングのスターたち
http://news.bbc.co.uk/low/english/sci/tech/newsid_437000/437391.stm
http://dailynews.muzi.com/cgi/lateline/news.cgi?p=62546&l=english&
http://seattlep-i.nwsource.com/national/pigs15.shtml
http://groups.yahoo.com/group/rael-science-select/message/649

● 死人を生き返らせる
http://www.discovery.com/exp/mammoth/990911dispatch.html
http://groups.yahoo.com/group/rael-science-select/message/420

● 早期老化は存在しない
http://groups.yahoo.com/group/rael-science-select/message/677

● 遺伝子コードを保存する
http://www.humancloning.org/dnaaustralia.htm
http://www.savingsandclone.com/

● 新技術により複製された4匹の日本の仔牛
『Le Figaro Magasine』2000年1月5日号

● クローン牛を夕食にいかが?
http://abcnews.go.com/sections/science/DailyNews/clone_beef990909.html

〈生物学上の発見〉

● 人が創造する…
http://abcnews.go.com/sections/living/Bioethics/bioethics_21.html
http://news.bbc.co.uk/hi/english/sci/tech/specials/anaheim_99/newsid_262000/262025.stm
http://groups.yahoo.com/group/rael-science-select/message/609

● ヒトゲノムの解読。作業完了!
http://groups.yahoo.com/group/rael-science-select/message/656
http://news.bbc.co.uk/hi/english/sci/tech/specials/anaheim_99/newsid_262000/262025.stm
http://groups.yahoo.com/group/rael-science-select/message/609

● 不死への道
http://www.sciencedaily.com/releases/1999/08/990831080844.htm
http://groups.yahoo.com/group/rael-science-select/message/552
http://groups.yahoo.com/group/rael-science-select/message/627

● 例外的に長寿の突然変異マウス
『Le Figaro Magasine』1999年11月19日号

● 殺人犯の脳
http://groups.yahoo.com/group/rael-science-select/message/554

● 仮想植物
http://news.bbc.co.uk/hi/english/sci/tech/newsid_771000/771145.stm

● 休眠中のニューロンの再活性化
http://news.bbc.co.uk/hi/english/health/newsid_447000/447973.stm

● 骨と角膜の培養
http://news.bbc.co.uk/hi/english/health/newsid_719000/719673.stm
http://groups.yahoo.com/group/rael-science-select/message/585?

〈遺伝子組み替え生物〉

● 導入
http://groups.yahoo.com/group/rael-science-select/message/440
http://news.bbc.co.uk/hi/english/sci/tech/newsid_482000/482467.stm

● 遺伝子組み替えされた鮭
http://news.bbc.co.uk/hi/english/sci/tech/newsid_708000/708927.stm

● 第三世界の解決法？
http://groups.yahoo.com/group/rael-science-select/message/605

● 第三度熱傷の治療
http://www.wired.com/news/technology/0,1282,20874,00.html

● 遺伝子操作によってもっと賢くなる
http://groups.yahoo.com/group/rael-science-select/message/397
Building a Brainer Mouse, Scientific American, April 2000.pp.62-68
Mikey Mouse, Ph.D. Scientific American, November 1999.p.30.

● 楽しみのための遺伝子組み替え生物
http://groups.yahoo.com/group/rael-science-select/message/498

● 水をください
http://news.bbc.co.uk/hi/english/sci/tech/specials/sheffield_99/newsid_446000/446837.stm

● サルとクラゲの結婚
『Le Figaro Magasine』1999年12月24日号

〈最新技術〉

● 光の速度
http://www.sciencedaily.com/releases/1999/10/991005114024.htm

http://news.bbc.co.uk/hi/english/sci/tech/newsid_655000/655518.stm

● DNAに基づいたコンピュータ
Quebec Science,Volume 38, numéro7, Avril 2000, p.30.

● 目の見えない人のための電子義眼
http://news.bbc.co.uk:80/low/english/sci/tech/newsid_606000/606938.stm

● ロボット犬「アイボ」
『Le Figaro Magasine』1999年11月6日号

〈宇宙と宇宙人〉

● ミステリー・サークル
http://groups.yahoo.com/group/rael-science-select/message/377

● 夢か、まもなく実現か？
http://groups.yahoo.com/group/rael-science-select/message/456

● 新しい惑星
http://groups.yahoo.com/group/rael-science-select/message/457

● 接触を求めて
http://groups.yahoo.com/group/rael-science-select/message/390
http://groups.yahoo.com/group/rael-science-select/message/407
http://groups.yahoo.com/group/rael-science-select/message/671
http://groups.yahoo.com/group/rael-science-select/message/356

〈創造の美〉

● 蚊の嗅覚
http://news.bbc.co.uk/hi/english/sci/tech/newsid_426000/426655.stm

● レスビアンの虫／『The figaro Magazine』
http://news.bbc.co.uk/low/english/sci/tech/newsid_481000/481394.stm

● 無限小を見る鼻
『Le Figaro Magasine』2000年1月11日
http://www.aibs.org/biosciencelibrary/vol46/sep.96.cover.info.html

〈性と官能〉

● **人間の性に関する協会**

http://www.sexuality.org

● **性の化学的神秘**

『Le Figaro Magasine』2000年3月4日

● **間違った情報を与えられている若者たち**

http://groups.yahoo.com/group/rael-science-select/message/474

● **全国マスターベーションの日**

http://groups.yahoo.com/group/rael-science-select/message/215

〈瞑想と平和〉

● **瞑想は心臓病を予防する**

http://abcnews.go.com/sections/living/InYourHead/allinyourhead_56.html

http://groups.yahoo.com/group/rael-science-select/message/637

● **長寿を望むなら、微笑みましょう！**

http://groups.yahoo.com/group/rael-science-select/message/622

Le cas de la Grèce Antique, La Recherche Spècial Vivre 120 ans, Juillet/Août 1999

● **世界平和の日**

http://www.clothofmanycolors.com/

http://groups.yahoo.com/group/rael-science-select/message/670

● **瞑想の効果が科学的に証明される**

サン・ユエル・チョイ（韓国ナショナルガイド）

● **Le cas de la Grèce Antique, La Recherche Spècial Vivre 120 ans,**
July/August 1999,p. 90

Welcome to
ラエリアン・ムーブメント!!

人類が未来の「楽園」を迎えられるために、
地球上で最も進歩した哲学を実践している
100パーセント非営利の国際ボランティア団体です。

www.rael.org
www.clonaid.com
www.subversions.com
www.ufoland.com

本書に関連する選り抜きの科学ニュース「rael-science」が、メール配信で購読できます。ご希望の方は、空《から》のメールを下記アドレスまで送って下さい（メールの内容は重要ではなく、送信者のアドレスのみが重要です）。

● **英語版**
rael-science select subscribe@yahoogroups.com

● **フランス版**（英語版と内容が同じとは限りません）
rael-science-francais-subscribe@yahoogroups.com

日本ラエリアン・ムーブメント
東京都渋谷区渋谷2-12-12三貴ビル401／〒150-0002
TEL.03-3498-0098　FAX.03-3486-9354

※上記の事務所はボランティアによるため、電話でのお問い合わせは祝日を除く月～金曜日の11時～15時まで、FAXにては24時間受付けております。

＊＊＊＊＊＊＊＊＊＊＊＊＊＊＊

これらの本は、読者のみなさんに本書「クローン人間にYes！」をさらに深く理解していただくための必読書です。

なぜならそこには、「未来を生きる人々」がラエルに伝えた「人類への重要なメッセージ」が書かれているからです。

「真実を告げる書」

―異星人からのメッセージ―
（原本2冊の合本）
B6判・326頁・税込価格￥1,600
（新タイトル「異星人からのメッセージ」を内容も一層充実して近日発売予定）

1973年12月13日、ラエルが異星人「エロヒム」に会って初めて明かされた事実！

それは、「エロヒム」が人類を科学的に創造した「真実」の告白からはじまる。

私たち自身がヒトをつくる時代に入った今、これはもはやフィクションではない。

TEL：03-3486-6441　FAX：03-3486-9354
ホームページ：http://www.mugendo.com

ラエルの著書＆関連著書のご案内

「異星人を迎えよう」

―彼らが実験室で人間を創造した―

B6判・215頁・税込価格￥1,240

「真実を告げる書」を読んだ読者からの霊魂、快楽、自殺、性、etc…などに関するあらゆる質問に答えたQ＆A。
「エロヒム」からの新たなメッセージも初公開！

「ハーモニー・メディテーション」

―アルファー波を超えた新感覚トレーニング―

B6判・175頁・税込価格￥1,340

「エロヒム」が教える最も科学的な瞑想方法。これによって五感の感覚機能と意識が高まり、人生を最大限に楽しむことができる。人間の心身を科学的に熟知した彼らによるやさしい覚醒方法。

「天才政治たちに権力を」

―天才政治―

B6判上製・195頁・税込価格￥3,000

愛と知性をもって正しく判断できる人達＝天才による平和な政治。それこそが、全ての人々のための公平で理想的な社会をつくると主張。未来社会がまさに必要とする政治のあり方を解説。

「フランスの偽善」

―フランス政府による恐るべき人権侵害の実態―

B6判上製・291頁・税込価格￥1,800

世界を平和と非暴力で差別のない国にしたいと願う著者が、フランスの実態を暴露。この不正と醜悪な事実に目をつぶってはいけない、と叫ぶ熱いメッセージがここに。

関連著書：「ラエル」

―その教えの精神的・肉体的効果の分析―

ダニエル・シャボット著　B6変形判・196頁・税込価格￥1,500

未来の変化に対応できる、愛と調和と強さに満ちた人を育てる最も優れたラエルの教えとは。大学教授で心理学者である著者が、分かりやすく書いているラエルの教えの効用。

出版社：MUGENDO　（有）無限堂
〒150-0002 東京都渋谷区渋谷2-12-12 三貴ビル401号

各国ラエリアン・ムーブメントの連絡先

（55AH/2001年6月現在）

ARGENTINA

Movimiento Raeliano de Argentina

Suipacha No.645

6620 Chivilcoy, Procincia de Buenos Aires

AUSTRALIA

Australian Raelian Movement

G.P.O. Box 2397

Sydney, N.S.W. 2001

australia@rael.org

BELGIUM

Religion Raëlienne de Belgique

P.O. Box 2065

2600 Antwerpen/Berchem

raelbe@nirvanet.net

BENIN

Religion Raëlienne du Bénin

02 BP 1179

Cotonou

givam@yahoo.com

BOLIVIA

Movimiento Raeliano Boliviano

Casilla 1341

Santa Cruz

BRAZIL

Movimento Raeliano Brasileiro

Caixa Postal 9044

CEP 22272-970

Rio de Janeiro - RJ

raelbrasil@starmedia.com

BRITAIN

Raelian Religion

BCM Minstrel

GB-London WC1N3XX

e.bolou@virgin.net

BURKINA-FASO

Religion Raëlienne du Burkina Faso

DOUANIO Manaka

B.P. 883

Bobodioulasso 01

raelburkina@hotmail.com

CANADA

Eglise Raëlienne du Canada

Case postale 86 - Succursale Youville

Montreal (QC) H2P 2V2

CHILE

Movimiento Raeliano Chileno

Casilla 390

Centro Casilla

Santiago de Chile

China

c/o Japanese Raelian Movement

Tokyo-To,Shibuya-Ku

Shibuya 2-12-12

Miki Biru 401

Japan 150-0002

wuxian@mbh.nifty.com

COLOMBIA

Movimiento Raeliano Colombiano

Apartado Aereo

3000 Medellin

raelcolombia@city.net.co

CONGO

Religion Raëlienne du Congo

B.P 2872

Kinshava 1

malukisa@yahoo.fr

ECUADOR

Movimiento Raeliano de Ecuador

Imbabura 19-25 y Carchi

Quito

FRANCE

Religion Raëlienne de France

BP26

75660 Paris Cedex 14

GABON

Religon Raëlienne du Gabon

B.P. 22171

Libreville

jr.ogoula@voilà.fr

GERMANY

Raelistische Religion

Postfach 1252

79372 Muellheim

GREECE

Greek Raelian Movement

Nea Egnatia 270 Str.

54644 Thessaloniki

GUADELOUPE

Religion Raëlienne de Guadeloupe

BP 3105 Raizet Sud

97139 Abymes

ffd971@mediasev.net

HAWAII USA

Hawaiian Raelian Movement

P.O. Box 278

KAILUA, HI 96734

HOLLAND

Raeliaanse Religie Nederland

Postbus 10662

2501 HR. DEN HAAG

HONG KONG

Hong Kong Raelian Movement

c/o Japanese Raelian Movement

Tokyo-To,Shibuya-Ku

Shibuya 2-12-12 Miki Biru 401

Japan 150-0002

hideaki6@rr.iij4u.or. jp

INDIA

Indian Raelian Movement
c/o P.O.Box No.2058
Kalbadevi Head Post Office
Mumbai 400002
indianraelianmovement@yahoo.com

IRAN

Iranian Raelian Movement
P.O. Box 56
Station D
Toronto, Ontario M6P 3J5 , Canada

IRELAND

Irish Raelian Movement
P.O. Box 2680
Dublin 7
daveglynn@usa.net

ISRAEL

Israeli Raelian Movement
P.O. Box 27244
Tel Aviv - Jaffa 61272
rael_org@netvision.net.il

ITALY

Religione Raeliana
CP202
33170 Pordenone

IVORY COAST

Religion Raëlienne de Côte d'Ivoire
05BP1444
Abidjan 05
boniyves@hotmail.com

JAPAN

Japanese Raelian Movement
Tokyo-To,Shibuya-Ku
Shibuya 2-12-12 Miki Biru 401
Japan 150-0002
hideaki6@rr.iij4u.or. jp

KOREA

Korean Raelian Movement
K.P.O. Box 399
Seoul
Korea 110-603
itanol@nuri.net

MARTINIQUE

Mouvement Raëlien Martiniquais
BP 4058 TSV
97254 Fort-de-France Cédex

MAURITIUS ISLANDS

Religion Raëlienne de l'Ile Maurice
4 Robinson Lane
Phoenix
Fraaug@intnet.mu

MEXICO

San Pablo
Tepetlapa N° 56-4
Ampl. San Francisco Culhuacan
04470 Mexico D.F.
nortoral@df1.telmex.net.mx

NEPAL

Nepalese Raelian Movement

GPO Box 10857

Kathmandu Nepal

ndiurnal@ccsl.com.np

NEW ZEALAND

New Zealand Raelian Movement

P.O. Box 1744

Shortland Street

Auckland

PANAMA

Movimiento Raeliano de Panama

Aeropuerto int'i de Tocumen

Zona Posta # 14 Panama

panamamx@pty-co.PA.DHL.COM

PARAGUAY

Movimiento Raeliano del Paraguay

Olivia 1019 Edif-lider V

Piso 15, Officina 151

Asuncion

PERU

Movimiento Raeliano Peruano

Guia Nacional

Avenida Benavides 955 #

Miraflores, Lima,

PHILIPPINE

Philipine Raelian Movement

UP Box 241, University of the Philippines

Diliman, Quezon City

Philippine 1101

Kingnamo@hotmail.com

POLAND

Religia Raelianska w Polsce

c/o Iwona Adamczak, Skr. Poczt. 555

00-950 Warszawa 1

PORTUGAL

Movimento Raeliano Portugues

Apartado Postal 2715

1118 Lisboa Codex

SLOVAKIA

Raelske Hnutie na Slovensku

P.O. Box 117

82005 Bratislava 25

SLOVENIA

Raeljansko Gibanje Slovenije

Vojkovo nab. 23

6000 Koper

raeljansko.drustvo@iname.com

SOUTH AFRICA

South African Raelian Religion

P.O.Box 1572

Boksburg 1460

Republic of South Africa

SPAIN

Religion Raeliana España

Aptdo de Correos n° 23041

28080 Madrid

Rael_espana@hotmail.com

SWEDEN

Raeliska religionen

BP 1026

10138 Stockholm

raeliska_religionen@yahoo.com

SWITZERLAND

Religion Raëlienne Suisse

Case postale 176

1926 Fully

office.ch@rael.org

TAIWAN

Taiwan Raelian Movement

P.O.Box 84-686

Taipei

Taiwan

TCHAD

Religion Raëlienne du Tchad

ASECNA B.P. 5629

N'Djamena,

reacen@intel.td

THAILAND

Thai Raelian Movement

c/o Sung Hyuk RHIM

P.O.Box 1556

Bangkok Post Office 10500

TOGO

Religion Raëlienne du Togo

Rita Amétépé Responsable

B.P. 1476

Lomé

USA

USA Raelian Movement

B.O. Box 630368

North Miami Beach,

FL 33163 Florida

VENEZUELA

Movimiento Raeliano Venezolano

Segunda Calle # 71, Urbanizacion

El Rincon, Segunda Sabana,

Bocono

Trujillo

ZIMBABWE

Zimbabwe Raelian Movement

P.O. Box 666

Zengeza, Chitungwiza

MUGENDO

クローン人間にYes!

55A.H./2001年7月1日　初版発行

読者の皆様へ

本書の発売元「有限会社　無限堂」は移転を行いました。
お問合せは下記までお願い致します。

●発売元…有限会社 無限堂
〒289-2311 千葉県香取郡多古町本三倉 640-A1
(有)無限堂

TEL:0479-74-8006 FAX:0479-74-8007
(月曜日～金曜日までの10時～17時。FAXは24時間受付)
http://www.mugendo.co.jp/

●発行元…日本ラエリアン・ムーブメント
〒289-2311 千葉県香取郡多古町本三倉 640-A1
TEL:0479-75-8030 FAX:0479-74-8007
(月曜日～金曜日までの10時～17時。FAXは24時間受付)
https://www.ufolove.jp/

乱丁・落丁の場合はお取替え致します。　Printed in Japan
定価はカバーに表示してあります。

ISBN4－900480－24－X